작고 귀여운 손뜨개 소품 **태팅레이스**

Lady Boutique Series No. 3215
Hajimete no Tatting Lace
Copyright ⓒ 2011 by BOUTIQUE-SHA
All rights reserved.
First published in Japan in 2011 by BOUTIQUE-SHA, Tokyo
Korean translation rights arranged with BOUTIQUE-SHA
through SHIN WON AGENCY Co., Seoul

이 책의 한국어판 저작권은 신원에이전시를 통한
BOUTIQUE-SHA와의 독점 계약으로 도서출판 이아소에 있습니다.
저작권법에 의해 한국 내에서 보호를 받는 저작물이므로 무단전재와 무단복제를 금합니다.

태팅레이스

작고 귀여운 손뜨개 소품

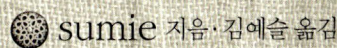sumie 지음·김예슬 옮김

작고 귀여운 손뜨개 소품
태팅레이스

초판 1쇄 발행 2012년 3월 20일
초판 7쇄 발행 2018년 8월 20일

지은이 sumie
옮긴이 김예슬
펴낸이 명혜정
펴낸곳 도서출판 이아소

북디자인 김은희

등록번호 제311-2004-00014호
등록일자 2004년 4월 22일
주소 121-841 서울시 마포구 서교동 487번지 대우미래사랑 1012호
전화 (02)337-0446 **팩스** (02)337-0402

책값은 뒤표지에 있습니다.
ISBN 978-89-92131-56-8 13590

도서출판 이아소는 독자 여러분의 의견을 소중하게 생각합니다.
E-mail: iasobook@gmail.com

태팅레이스는…

셔틀이라고 불리는 배 모양의 작은 실감개를 사용하여 매듭을 연속으로 만드는 레이스를 말한다. 약간의 재료와 도구를 이용해 언제 어디서든 즐길 수 있는 수예이다. 이 책에서는 처음 태팅레이스를 접하는 분들을 위해 만들기 쉬운 작은 작품을 모아보았다. 사진과 함께 자세한 설명을 덧붙여 놓았으니 가벼운 마음으로 도전해보자.

Contents

태팅레이스의 기본 ...8

재료와 도구 ...8
셔틀에 실 감기 ...9
기본 매듭 ...10
체인·링·피코 ...10
    체인 만들기 ...11
    피코 만들기 ...14
    링 만들기 ...15

만들기 도안 보는 방법 ...17

링과 링 연결하기 ...21
마지막과 처음의 링 연결하기 ...23
실 처리 방법 ...24
잘못된 경우 실을 푸는 방법 ...25
도중에 실이 다 떨어진 경우 연결 방법 ...27
리버스 워크 ...34
작품의 앞과 뒤 ...35
'외관상 피코' 만들기 ...36
셔틀 연결하기 ...37
체인 위에 링 만들기 ...40
긴 피코 만들기 ...42
첫 번째 단에서 두 번째 단으로 이동하기 ...43
체인 양측에 링 만들기 ...50
'조세핀노트' 만들기 ...60

플라워 모티브 ... 18
링 & 빗 핀 & 목걸이 ... 19

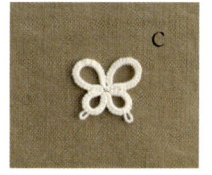

나비 모티브와
목걸이 & 핸드폰 줄 ... 30

눈의 결정 같은 모티브 ... 32
핸드폰 줄 & 귀걸이 & 목걸이 ... 33

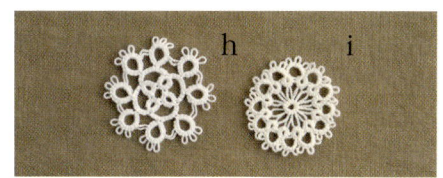

도일리 풍 모티브 ... 38
브로치 ... 39

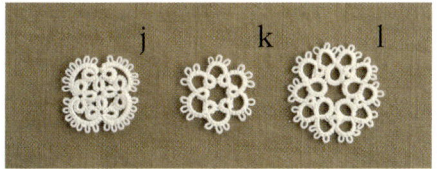

피코가 포인트인 모티브 ... 44
머리끈 ... 45

스퀘어 형태의 모티브 ... 48
북마크 ... 49

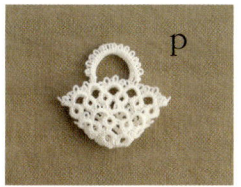

마르쉐 백의 모티브 ... 52
핸드폰 줄 ... 53

장식용 끈 3종 ... 56
팔찌 ... 57
손수건 ... 58

태팅레이스의 기본
필요한 재료와 도구를 준비한다.

◉ 재료와 도구

레이스 실

#번호가 클수록 실은 가늘어진다. 실이 가늘수록 작품은 섬세하게 완성된다. 이 책에서는 면 레이스 실 #40(10g 묶음), 면 레이스 실 #30(25g 묶음), 라메레이스 실 #30(20g 묶음), 마 레이스 실 #30(20g 묶음) 이렇게 4종류를 사용한다. 실을 조금밖에 사용하지 않기 때문에 작품을 만드는 방법을 소개할 때는 사용량을 표시하지 않는다.

('#40'은 '40수 실'을 의미한다. 같은 번호의 실을 사용하면 비슷한 크기의 작품을 만들 수 있다. 회사에 따라서 약간의 차이가 있으니 비교해보고 사용하는 것이 좋다. 이 책에서는 다루마 제품(무라사키노, 아오이)의 레이스 실을 사용했다. 라메사는 금색 은색이 섞인 빛나는 실을 말한다._옮긴이)

같은 모티브여도 실의 굵기에 따라 작품의 크기가 변한다(사진의 모티브는 실물 크기).

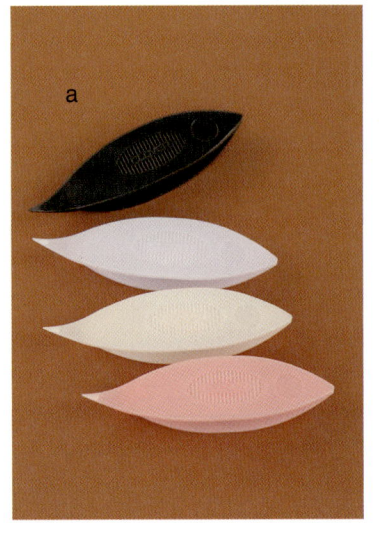

a. 태팅 셔틀
배 모양의 실을 감는 도구로, 실을 위아래로 움직이면서 매듭을 만든다. 끝 부분이 튀어나온 타입은 실을 잡아당기거나 풀 때 편리하다.

b. 레이스용 코바늘
섬세한 부분의 실을 잡아당기거나 링을 연결할 때 사용한다. 태팅레이스에 편리한 펜던트 타입도 있다.

c. 가위
실을 자를 때 사용한다. 잘 잘라지는 수예용 가위가 편리하다.

d. 십자수바늘
실을 마무리할 때 사용한다. 바늘 끝이 둥글어서 섬세한 실에 알맞다.

e. 풀림 방지액
실의 끝부분 처리에 사용한다.

🌰 셔틀에 실 감기

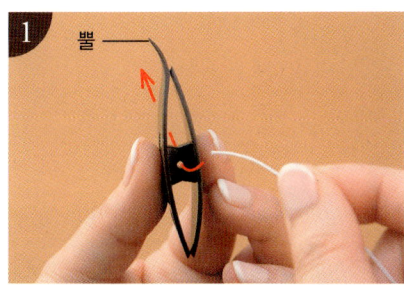

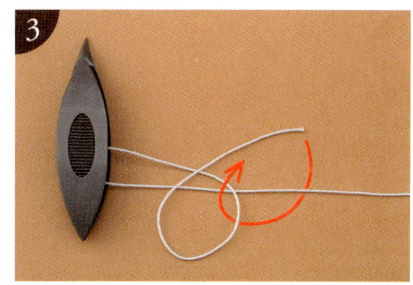

셔틀을 세로로 세우고 뿔이 왼쪽으로 오도록 왼손으로 잡고 중심에 있는 구멍에 실을 통과시킨다.

통과시킨 실의 끝을 검지와 중지 사이에 끼고, 실 묶음에 연결되어 있는 쪽의 실을 화살표 방향과 같이 셔틀 안쪽으로 통과시켜서 반대편으로 넘긴다.

실의 위에서 고리를 만들고, 실 끝을 화살표와 같이 고리 안에 넣는다.

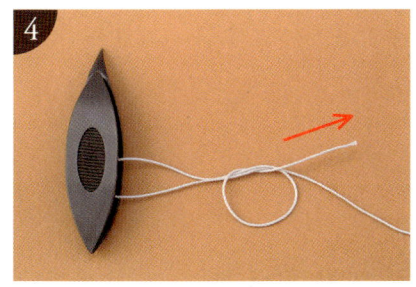

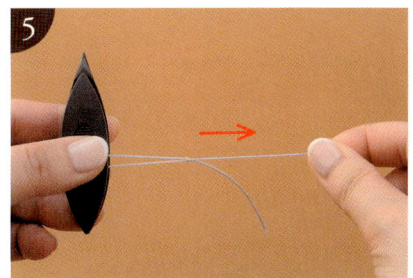

실 끝을 잡아당겨 매듭을 만든다.

실 묶음에 연결되어 있는 쪽의 실을 당겨서 매듭이 셔틀의 중심에 오도록 조인다.

실 끝을 짧게 자른다.

셔틀을 세로로 세우고 뿔이 왼쪽이 되도록 왼손으로 잡고, 실을 앞쪽에서 반대편으로 평평하게 되도록 감는다.

실이 감겼다. 여기부터 실을 자르고 만들기 시작하는 작품과, 실 묶음에 연결한 채로 만들기 시작하는 작품이 있으므로 주의한다.

❋주의!

실이 셔틀의 양 측면으로 삐져나오지 않을 정도로 감아준다. 실을 너무 많이 감으면 삐져나온 실이 더러워지거나, 셔틀의 입이 벌어지는 원인이 되므로 주의한다.

🌀 기본 매듭

태팅레이스의 다양한 모양은, '더블 스티치'라고 부르는 기본 한 코의 연속으로 이루어진다.

기본 한 코(더블 스티치)

심의 실에 또 다른 실을 '겉코'→'안코' 순서로 매듭을 지으면 기본 한 코가 된다. 이것을 더블 스티치라고 부른다.

연속 코

더블 스티치를 두 번 반복하여 두 개의 코를 만든 것이다. 이와 같이 코와 코 사이를 벌리지 않고 연속으로 코를 만들어간다.

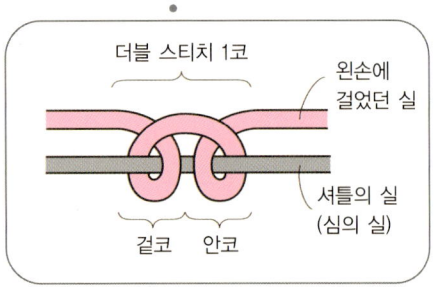

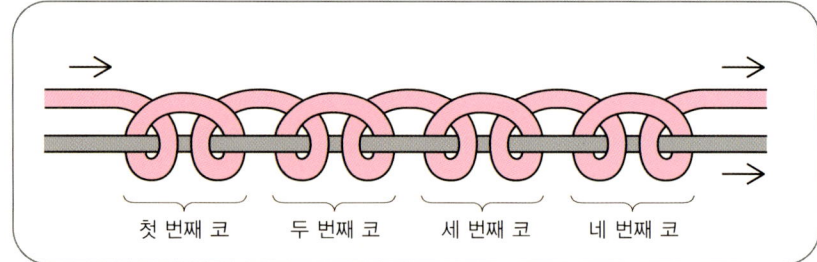

🌀 체인 · 링 · 피코

더블 스티치를 반복해서 '체인'과 '링'을 짜 맞추면서 다양한 모양의 작품을 만들 수 있다.
사이에 피코를 만들어주면 작품이 더욱 사랑스러워지며, 체인이나 링을 연결하는 역할을 한다.

체인 · 피코

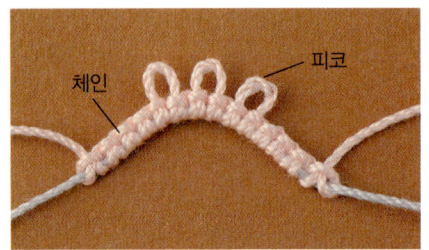

더블 스티치를 직선 위에 연결한 것을 '체인'이라고 부른다. 자연스럽게 곡선을 그린다.

링

심의 실에 코를 연속해서 연결해 고리 모양이 된 것을 '링'이라고 부른다.

체인·링·피코를 조합해서 만든 작품이다.

체인 만들기

체인을 만들면서 '기본 1코'를 확실히 마스터한다. 셔틀에 감은 실과 실 묶음에 감겨 있는 실을 모두 사용한다.
여기서는 알기 쉽게 하기 위해 두 가지 색의 레이스 실을 사용하여 설명한다.

✱ 오른손으로 셔틀 잡기

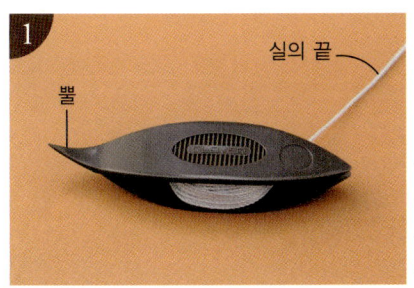

셔틀의 뿔이 있는 면이 위로 오도록 하고, 감은 실의 끝이 오른쪽 위에 나오도록 한다.

오른손 검지와 엄지에 셔틀을 끼워 잡는다. 실의 끝이 새끼손가락 쪽으로 나온다.

✱ 왼손에 실 걸기

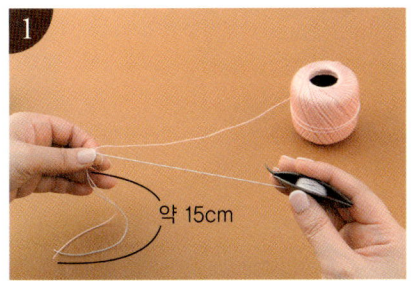

실 묶음에 연결되어 있는 실과 셔틀에 감겨 있는 실의 끝부분을 모은 다음 끝에서 약 15cm 정도를 왼손 엄지와 검지로 잡는다.

같은 곳을 왼손 중지와 엄지로 다시 잡고, 검지를 세운다. 실 묶음의 실을 검지에 건다.

건 실을 그 상태로 왼손 새끼손가락에 1~2번 감은 뒤 실이 미끄러지지 않도록 고정한다.

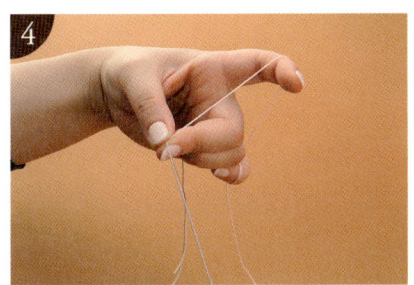

새끼손가락을 구부린다.

● 그밖에 이와 같이 실을 감는 방법도 있다.

이 책에서는 위와 같이 실을 걸어서 설명했지만, 오른쪽 사진과 같이 검지와 엄지로 잡고 중지에 실을 거는 방법도 있다. 어떤 방법이든 하기 쉬운 방법으로 실을 감으면 된다.

✱ 겉코(first half stitch) 만들기

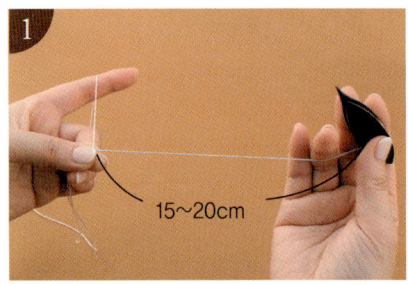

왼손으로 누르고 있는 부분에서 셔틀까지 실의 길이를 15~20cm로 한다.

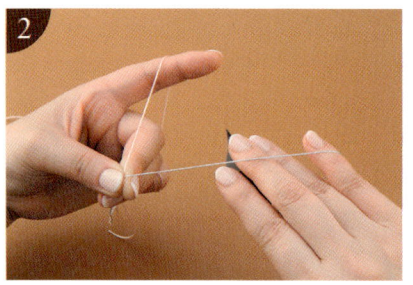

셔틀의 실을 오른손 새끼손가락에 건 채로 손목을 돌려서 손등 쪽으로 오도록 한다.

그 상태로 셔틀이 왼손 엄지와 검지 사이에 걸려 있는 실 밑을 넘어가게 한다.

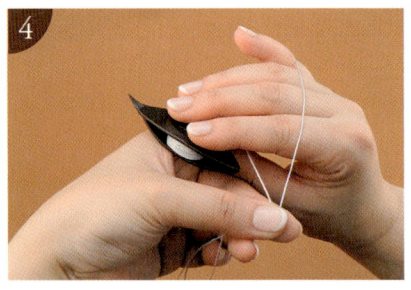

셔틀이 완전히 실 밑을 지나갈 때까지 쭉 안쪽으로 집어넣는다. 이때 오른손 검지와 셔틀 사이로 실이 미끄러져 나온다.

이번에는 왼손에 있는 실 위쪽으로 셔틀이 통과하도록 해서 오른손을 제자리에 놓는다.

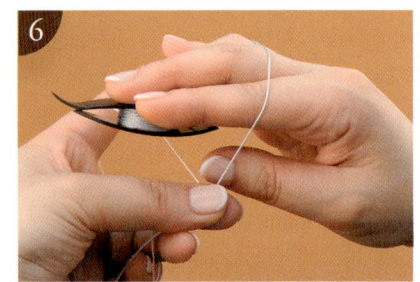

실 위쪽을 통과할 때 순간적으로 오른손 엄지를 뗀다. 통과하면 바로 엄지로 눌러준다.(사진에서는 엄지를 과장해서 떼어놓았지만, 실제로는 셔틀을 잡은 채로 셔틀과 엄지 사이로 실이 미끄러지듯 빠지도록 한다.)

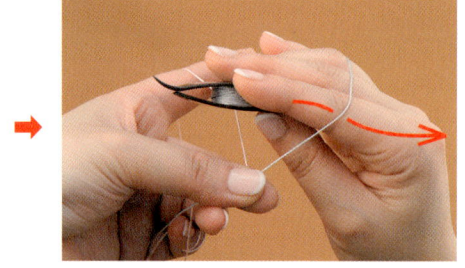

오른손 손등에 걸려 있던 실 밑으로 셔틀을 통과한 뒤 오른손을 뺀다. 왼손 실에 셔틀의 실이 감긴 상태가 된다.

중요 포인트 — 코 옮기기

느슨하게

왼손 검지를 조금 구부려 왼손에 걸려 있는 실의 당김을 느슨하게 한다.

팽팽하게 잡아당기기
코가 옮겨진다!

그 상태로 오른손을 당겨서 셔틀의 실을 팽팽하게 잡아당긴다. 왼손의 실이 오른쪽 실에 감기는 상태로 변한다. 이것을 '코를 옮긴다.'라고 부른다. 셔틀의 실이 심의 실이 된다.

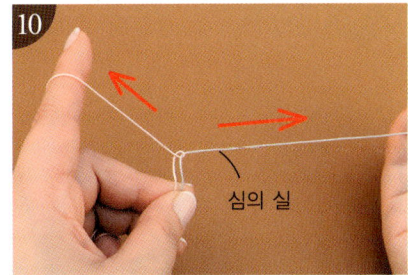
심의 실

코가 옮겨진 상태로 오른쪽 실을 당긴다. 동시에 구부리고 있던 왼손 검지를 펴서 코를 왼손 엄지와 중지로 누르고 있는 위치까지 이동시킨다.

✱ 안코(second half stitch) 만들기

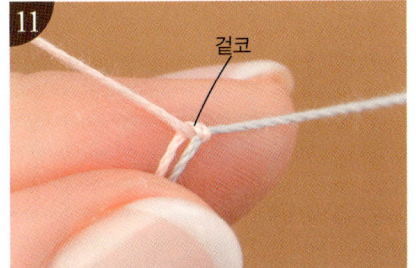
겉코

겉코가 완성된다.

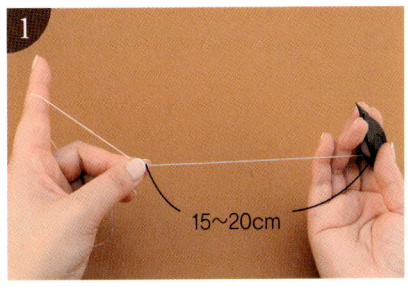
15~20cm

왼손으로 겉코를 누르고, 셔틀까지 실의 길이를 15~20cm로 한다.

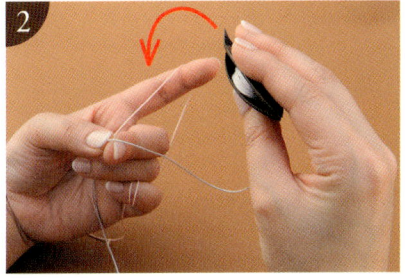

셔틀을 왼손 엄지와 검지에 걸려 있는 실의 위로 가져간다.

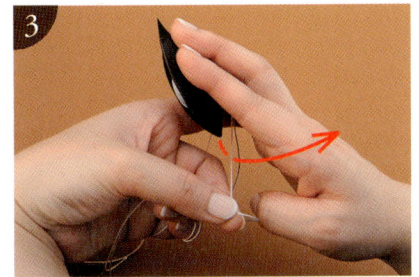

오른손 엄지를 순간적으로 떼어 셔틀을 왼손에 있는 실 밑으로 통과시킨다.

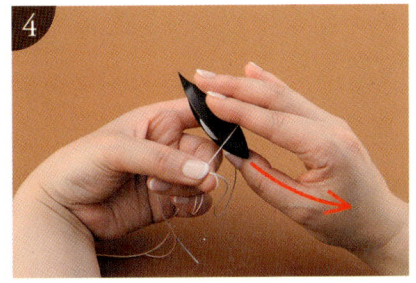

셔틀 일부가 통과하면 바로 엄지로 눌러주고, 그 상태로 오른손을 잡아당긴다. 이때 오른손 검지와 셔틀 사이로 실이 미끄러지듯 빠져나간다.

왼손에 있는 실에 셔틀의 실이 감긴 상태가 된다.

코 옮기기 (P13 참조)

6 느슨하게

왼손 검지를 조금 구부려 왼손에 걸려 있는 실의 당김을 느슨하게 한다.

7 팽팽하게 잡아당기기
코가 옮겨진다!

오른손의 실을 팽팽하게 잡아당겨 코를 옮긴다.

8 더블 스티치 1코

그 상태로 오른손의 실을 당겨서 코를 죄어 안코를 완성한다. 여기까지 하면 더블 스티치의 1코가 완성된다.

9

겉코와 안코를 반복한다.

실 묶음의 실
심의 실(셔틀의 실)

7코의 체인이 완성되었다. 셔틀의 실에 실 묶음의 실이 감겨 있다.

● 올바르게 코를 옮기지 않으면...

올바르게 옮기지 않은 코
올바른 코

올바르게 코를 옮기지 않으면 실 묶음의 실이 심의 실이 되고, 셔틀의 실이 감긴다. 풀어서 코를 다시 만든다(P25 참조).

피코 만들기

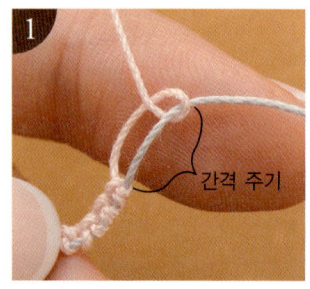

1 간격 주기

겉코를 만들 때 완전히 실을 잡아당기지 말고 그 전 코와 조금 간격을 둔다.

2 끌어당기기

간격을 두고 1코를 만든다. 만든 1코를 미끄러지게 해서 전의 코에 끌어당긴다.

3

끌어당긴 상태이다. 벌린 간격의 절반 길이가 피코의 높이가 된다. 피코와 동시에 다음 1코가 만들어진다.

4

계속해서 코를 만든다. 체인 중앙에 피코가 만들어진다.

링 만들기

셔틀에 감은 실 1줄을 사용한다. 체인을 만드는 방법에서 소개한 기본 1코를 참조해서 만든다.

✱ 왼손에 실 걸기

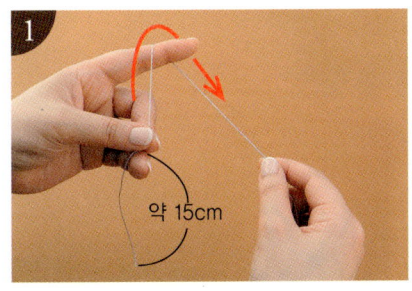

셔틀에 감은 실의 끝에서 약 15cm 정도 되는 곳을 왼손 엄지와 중지로 잡고 검지에 건다.

계속해서 새끼손가락에 건다.

한 번 돌린 실을 엄지와 중지로 잡는다.

✱ 코 만들기 ※P12~14의 '겉코 만들기'와 '안코 만들기'를 참조해서 코를 만든다.

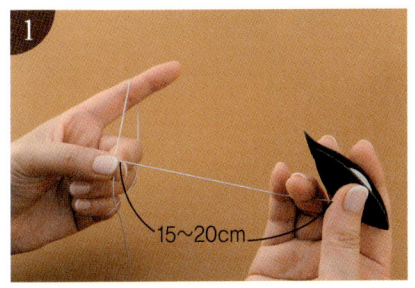

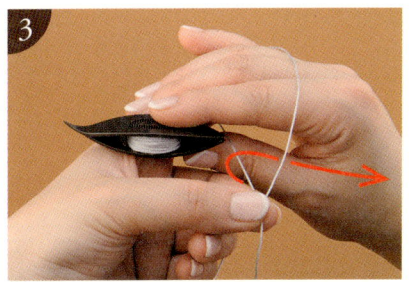

왼손으로 누른 곳에서부터 셔틀까지 실의 길이를 15~20cm로 한다.

실을 오른손 새끼손가락에 건 채로 손목을 돌려 손등 쪽으로 오게 한다.

셔틀이 왼손의 실을 넘어가게 한다.

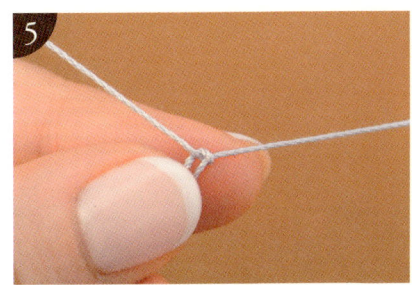

오른손의 셔틀을 당긴다.

겉코가 완성된다.

계속해서 안코를 만든다.

7

안코가 완성된다.

만드는 도중에 왼손에 걸고 있는 고리가 작아지면…

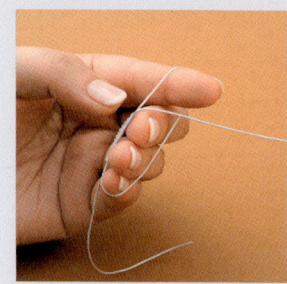

코를 몇 개쯤 만들면 왼손에 걸고 있는 실의 고리가 점점 작아진다.

이 경우 왼손에 실을 건 채 고리의 새끼손가락 쪽의 실을 오른손으로 잡고 아래쪽 방향으로 당겨서 고리를 넓혀준다. 이때 왼손 엄지와 중지로 코를 가볍게 누르면서 당겨준다.

8

필요한 코의 수를 만든 상태이다. 사진은 알기 쉽게 하기 위해 왼손에서 빼놓았다.

9

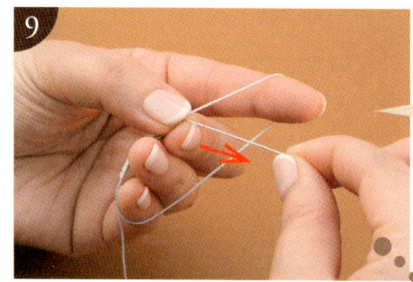
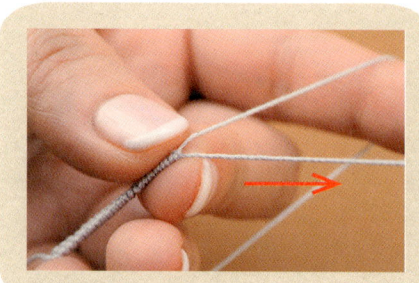

마지막으로 만든 코를 왼손으로 누르면서 오른손으로 셔틀의 실을 당겨 실의 고리를 조여 준다.

10

실의 고리를 조여 링을 완성한다.

● 실을 당기는 방향

○ 실을 고리의 흐름에 맞추어 자연스러운 방향으로 당긴다.

× 무리한 방향으로 실을 당기면 마지막까지 실이 잘 조여지지 않아 간격이 벌어진다.

만들기 도안 보는 방법

이 책에서는 각 기법을 간결하게 표현하는 만들기 도안으로 작품 만드는 방법을 표시했다.
여기서는 만들기 도안 보는 방법을 설명한다.
만들기 도안 옆에 만드는 순서를 글로 자세히 설명하고 있으니 사진과 함께 참고한다.

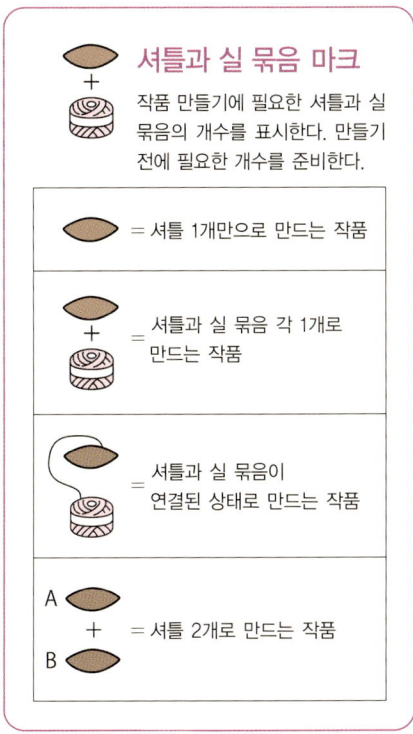

셔틀과 실 묶음 마크
작품 만들기에 필요한 셔틀과 실 묶음의 개수를 표시한다. 만들기 전에 필요한 개수를 준비한다.

= 셔틀 1개만으로 만드는 작품

= 셔틀과 실 묶음 각 1개로 만드는 작품

= 셔틀과 실 묶음이 연결된 상태로 만드는 작품

A
+ = 셔틀 2개로 만드는 작품
B

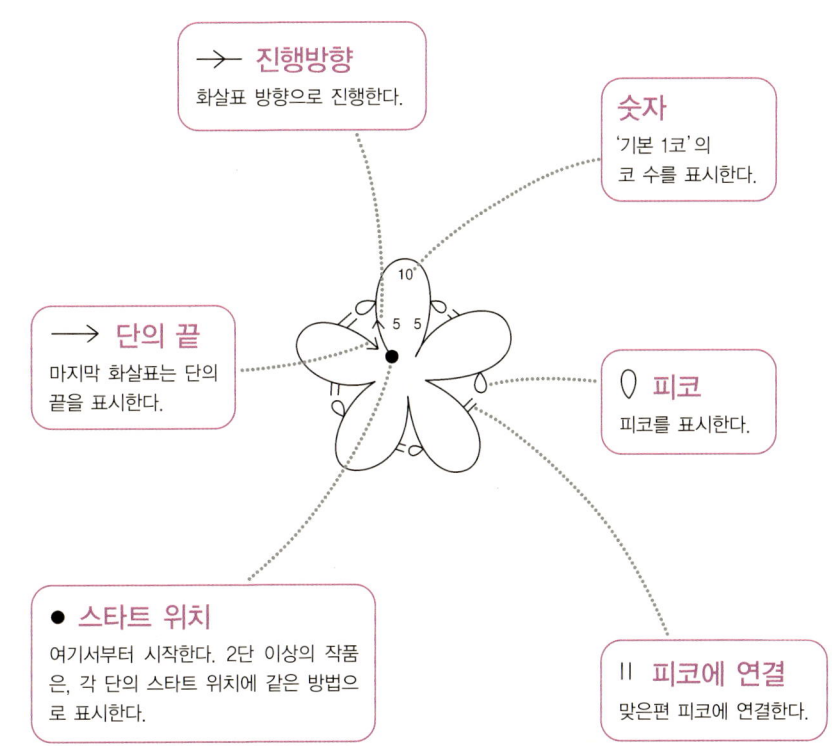

진행방향
화살표 방향으로 진행한다.

숫자
'기본 1코'의 코 수를 표시한다.

단의 끝
마지막 화살표는 단의 끝을 표시한다.

피코
피코를 표시한다.

스타트 위치
여기서부터 시작한다. 2단 이상의 작품은, 각 단의 스타트 위치에 같은 방법으로 표시한다.

= 피코에 연결
맞은편 피코에 연결한다.

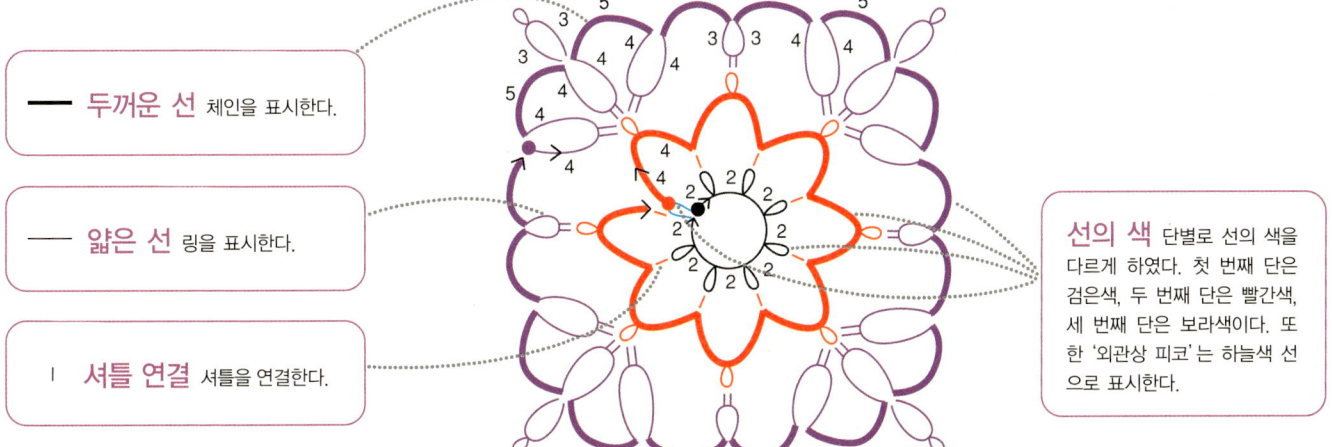

── **두꺼운 선** 체인을 표시한다.

── **얇은 선** 링을 표시한다.

| **셔틀 연결** 셔틀을 연결한다.

선의 색 단별로 선의 색을 다르게 하였다. 첫 번째 단은 검은색, 두 번째 단은 빨간색, 세 번째 단은 보라색이다. 또한 '외관상 피코'는 하늘색 선으로 표시한다.

17

플라워 모티브

만들기 쉬운 플라워 모티브부터 도전해본다. 처음에는 어렵게 느껴질지도 모르지만 요령을 알면 어렵지 않다.

작고 귀여운 a의 모티브를 꽃잎 수와 사이즈를 변화시켜 4장을 겹쳐서 꿰매면 a'와 같이 입체적으로 된다. a에 피코(P14 참조)를 더하면 b의 모티브가, 그것들을 겹친 b'는 a보다 화려한 분위기로 완성된다.

*사용 실···면 레이스 실 #30(a, b, a'-3·4, b'-3·4)
　　　　　　면 레이스 실 #40(a'-1·2, b'-1·2)

*만드는 방법··· P20~29

❀ 링 & 빗 핀 & 목걸이

a'와 b'의 모티브를 사용한 액세서리이다.
화려하지는 않지만 존재감 있고 우아한 아이템을 완성할 수 있다.

* 사용 실 1・3 … 면 레이스 실 #40
          2・4・5 … 면 레이스 실 #30

* 만드는 방법… P62

18페이지 모티브 a-1 만드는 법

1.3cm

● 사용 실
면 레이스 실 #30
오프 화이트

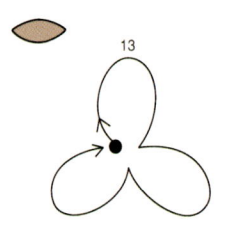

13코의 링을 3개 만든다.

13코의 링을 1개 만든다.

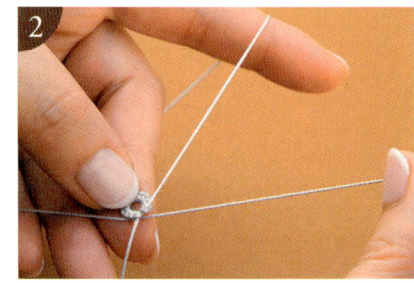

실을 왼손에 걸고 고리를 만든다.

겉코를 만든다.

코를 조여 첫 번째 링 옆으로 가지고 온다.

안코를 만든다.

같은 모양으로 13코를 만든다.

셔틀의 실을 당겨서 링을 조여 준다.

두 번째 링이 완성된다.

같은 모양으로 세 번째 링을 만든다.

링이 3개가 된다.

● 주의
두 번째 이후에 링의 첫 번째 한 코는 반드시 그 전 링의 바로 옆에 붙인다. 그렇지 않으면 사진과 같이 링과 링 사이가 벌어진다.

18페이지 모티브 a-2, a-3, a-4 만드는 법

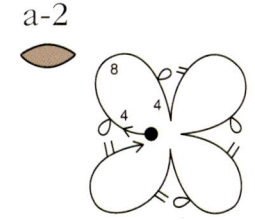
a-2

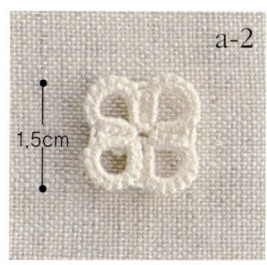
a-2
1.5cm

① '4코, 피코, 8코, 피코, 4코' 링을 1개 만든다.
② '4코, 전의 링에 연결하기, 8코, 피코, 4코' 링을 2개 만든다.
③ '4코, 전의 링에 연결하기, 8코, 처음 링에 연결하기, 4코' 링을 1개 만든다.

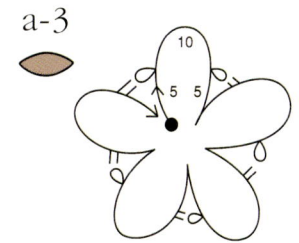
a-3

a-3
2.1cm

① '5코, 피코, 10코, 피코, 5코' 링을 1개 만든다.
② '5코, 전의 링에 연결하기, 10코, 피코, 5코' 링을 3개 만든다.
③ '5코, 전의 링에 연결하기, 10코, 처음 링에 연결하기, 5코' 링을 1개 만든다.

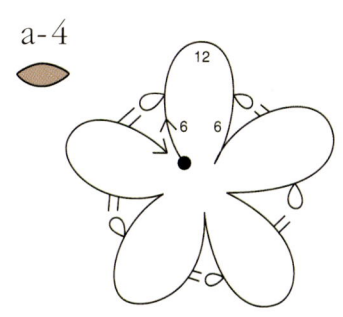
a-4

a-4
2.3cm

① '6코, 피코, 12코, 피코, 6코' 링을 1개 만든다.
② '6코, 전의 링에 연결하기, 12코, 피코, 6코' 링을 3개 만든다.
③ '6코, 전의 링에 연결하기, 12코, 처음 링에 연결하기, 6코' 링을 1개 만든다.

링과 링 연결하기

※모티브 a-2로 설명한다.

첫 번째 링을 만든다.

두 번째 링의 처음 4코를 만든다.

● 사용 실
면 레이스 실 #30
오프 화이트

첫 번째 링의 피코를 왼손에 걸려 있는 실 위쪽에 놓는다.

화살표와 같이 셔틀의 뿔로 피코 밑에 있는 실을 건다.

실을 피코에서 빼내 고리를 크게 늘려준다.

❈ 레이스 바늘을 사용해 실을 빼는 방법도 있다.

화살표와 같이 레이스 바늘로 피코 밑에 있는 실을 빼낸다.

실을 피코에서 빼내 고리를 크게 늘린다.

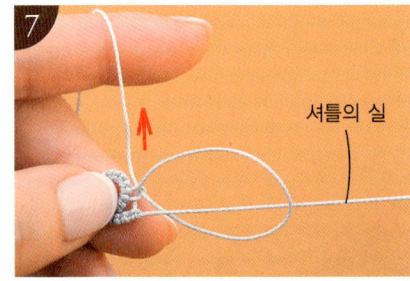

그 상태로 빼낸 고리의 가운데에 셔틀을 밑에서부터 넣는다.

왼손에 걸려 있는 실을 당겨서 고리를 줄인다.

고리를 줄인 상태이다. 이 시점에서 다음 1개 코는 만들어지지 않는다.

8코를 만든다.

피코, 4코를 연결해서 만든다. 두 번째 링이 완성된다. 첫 번째 링과 피코 부분이 연결되어 있다.

마지막과 처음의 링 연결하기

※모티브 a-2로 설명한다.

마지막(네 번째) 링을 처음(첫 번째) 링에 연결하는 경우, 이 방법으로 연결하면 연결된 코가 꼬이지 않고 깨끗하게 마무리된다.

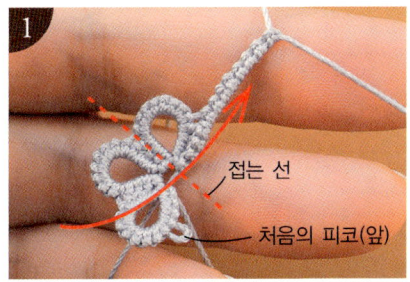

네 번째 링을 첫 번째 링에 연결하기 바로 전까지 만든 뒤, 화살표와 같이 접는 선에서 안쪽으로 접는다.

다시 한 번 화살표와 같이 링 부분을 뒤집는다.

화살표와 같이 처음의 피코 앞면에서부터 셔틀의 뿔을 넣는다.

셔틀의 뿔로 피코 반대편에 있는 실(왼손에 걸려 있는 실)을 빼낸다.

빼낸 실을 피코에서 꺼내 고리를 크게 늘려서 그 상태로 셔틀을 고리 안으로 넣는다.

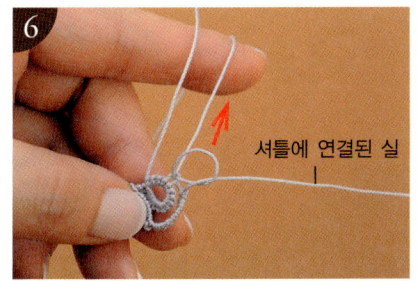

왼손에 걸려 있는 실을 당겨 고리를 조여 준다.

잡아당긴 상태이다.

계속해서 4코를 만든다(네 번째 링의 마지막 4개 코).

접은 곳을 원래대로 돌려서 펼친다.

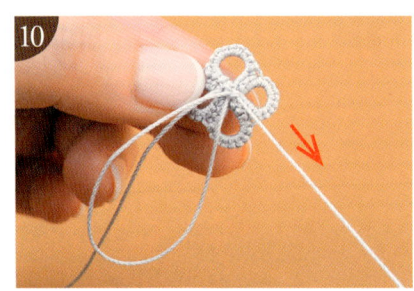
셔틀의 실을 당겨 네 번째 링을 조여 준다.

마지막과 처음의 링이 연결된다.

실 처리 방법

✱ 뒤에서 묶는 방법

실 끝을 약 15cm 남겨두고 잘라 뒤에서 1번 묶는다.

1번 더 묶는다. 이번에는 실을 2번 얽어 묶는다.

매듭에 풀림 방지액을 소량 발라 실 끝을 짧게 자른다.

✱ 꿰매 넣기 방법

실 끝을 뒷면에서 묶어 약 15cm 남기고 자른 뒤 십자수 바늘에 꿴다.

화살표와 같이 매듭 가운데로 바늘을 앞에서 반대편으로 넣는다.

바늘을 넣은 상태이다. 그 상태에서 반대편으로 바늘을 뺀다.

 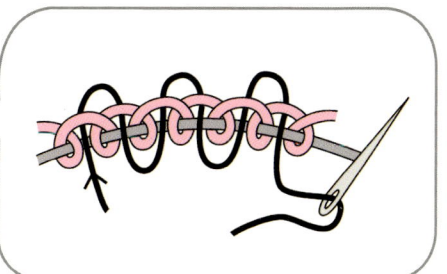 

화살표와 같이 바늘을 반대편에서 앞쪽으로 넣는다. 2~4를 반복해 오른쪽 그림과 같이 매듭 가운데에 실 끝을 꿰매 넣는다.

실 끝을 짧게 자른다. 다른 1줄의 실 끝도 같은 방법으로 반대편으로 꿰매 넣어 마무리한다.

잘못된 경우 실을 푸는 방법

✱ **체인의 경우** ※틀린 부분까지 매듭을 푼다.

마지막에 만든 매듭에 셔틀의 뿔을 넣는다.

오른쪽 방향으로 당겨 매듭을 느슨하게 한다.

느슨하게 된 매듭 안에 셔틀을 넣는다.

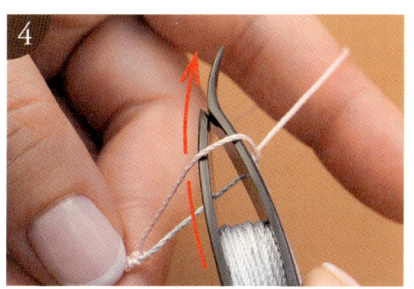  

셔틀을 빠져나가게 해서 매듭을 푼다.

반 코가 풀렸다.

계속해서 셔틀의 뿔을 화살표 방향으로 매듭에 넣는다.

오른쪽 방향으로 당겨 매듭을 느슨하게 한다.

느슨하게 된 상태이다.

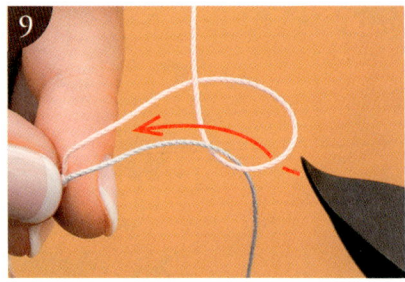
셔틀을 매듭에서 빼 화살표와 같이 반대편에서 넣어 매듭을 푼다.

1코를 풀었다. 1~10을 반복해 틀린 부분까지 매듭을 풀어준다.

✻ 링의 경우

※단,
- 피코가 적다(혹은 피코가 없다).
- 레이스 실이 가늘다.
- 링을 너무 잡아당겨 심의 실을 당길 수 없는 경우에는 이 방법으로 매듭을 풀 수가 없다. 그런 경우 틀린 부분의 실을 자르고(링의 중간 부분에서 실을 자르고 체인을 푸는 요령으로 매듭을 푼다), 새로운 실을 한 겹 매듭(P27 참조)으로 연결한다.

십자수 바늘을 화살표와 같이 제일 마지막 피코의 밑 부분에 넣는다.

바늘로 링의 심의 실을 빼낸다. (심의 실)

바늘을 세운 채로 수평으로 당겨 심의 실을 잡아당겨 늘린다.

바늘을 다음의 피코 밑 부분에 넣어서 심의 실을 빼낸다.

바늘을 수평으로 당겨 심의 실을 잡아당겨 늘린다.

어느 정도 심의 실이 당겨져 나오면, 오른손 검지와 엄지로 링의 밑 부분 심의 실을 잡는다.

심의 실을 밑으로 잡아당겨 고리를 당겨 늘려준다. 체인 푸는 방법과 같이 매듭을 풀어준다.

도중에 실이 다 떨어진 경우 연결 방법

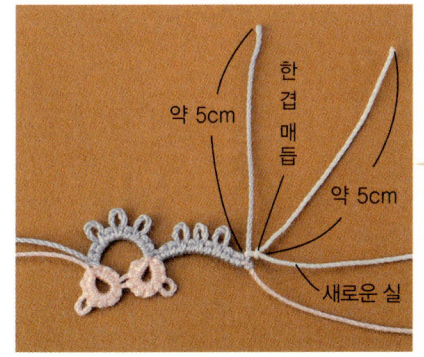

마지막 매듭 옆에 한 겹 매듭을 한다(링 바로 직전에 연결한다).

남은 실의 끝이 짧아지면 새로운 실을 한 겹 매듭으로 연결한다.
※ 새로운 실의 끝을 5cm 정도 남기고 묶어준다.

한 겹 매듭

매듭이 꽉 조여져 잘 풀어지지 않는 매듭법이다.

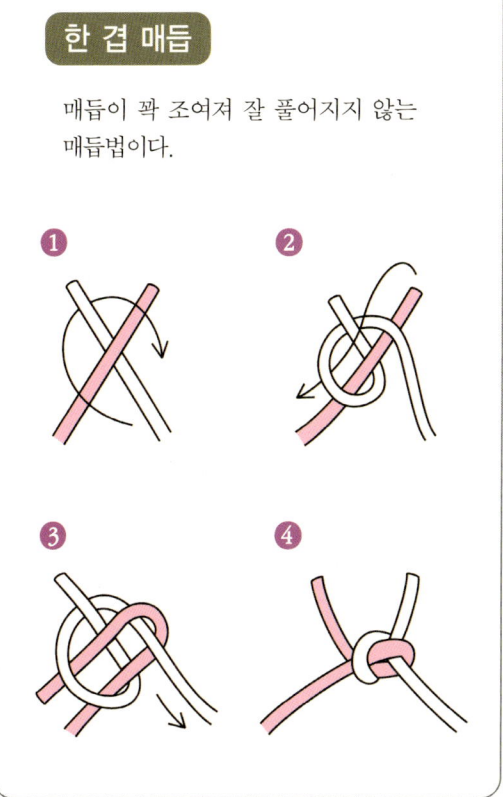

✱ 작품 마무리

완성된 작품에 다리미용 스프레이 풀을 뿌려주면 깨끗하게 완성되고 형태가 흐트러지지 않는다.

작품 뒷면을 위로 해놓고 스프레이 풀을 뿌려준다.

18페이지 모티브 b 만드는 법

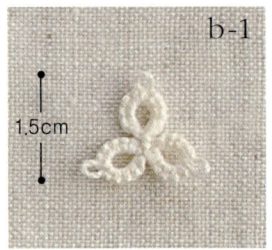
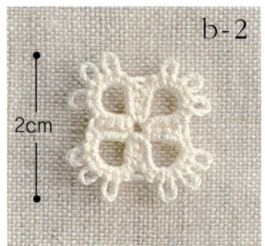
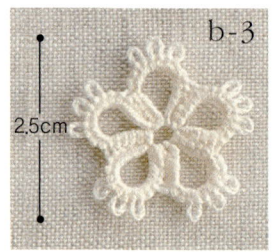
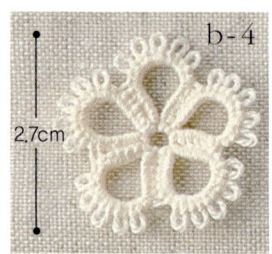

● 사용 실
면 레이스 실 #30
오프 화이트

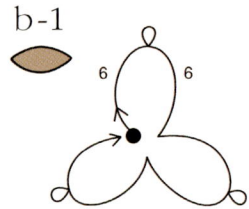

b-1

'6코, 피코, 6코'의 링을 3개 만든다.

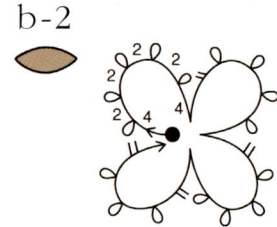

b-2

1. '4코, 피코, 2코, 피코, 2코, 피코, 2코, 피코, 2코, 피코, 4코' 링을 1개 만든다.
2. '4코, 전의 링에 연결하기, 2코, 피코, 2코, 피코, 2코, 피코, 2코, 피코, 4코' 링을 2개 만든다.
3. '4코, 전의 링에 연결하기, 2코, 피코, 2코, 피코, 2코, 피코, 2코, 처음의 링에 연결하기, 4코' 링을 1개 만든다.

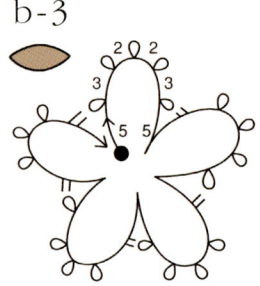

b-3

1. '5코, 피코, 3코, 피코, 2코, 피코, 2코, 피코, 3코, 피코, 5코' 링을 1개 만든다.
2. '5코, 전의 링에 연결하기, 3코, 피코, 2코, 피코, 2코, 피코, 3코, 피코, 5코' 링을 3개 만든다.
3. '5코, 전의 링에 연결하기, 3코, 피코, 2코, 피코, 2코, 피코, 3코, 처음의 링에 연결하기, 5코' 링을 1개 만든다.

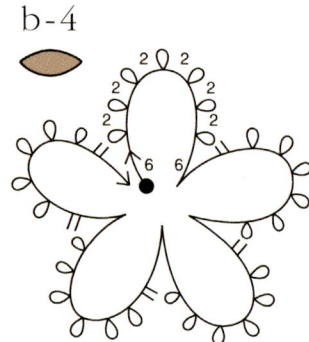

b-4

1. '6코, 피코, 2코, 피코, 2코, 피코, 2코, 피코, 2코, 피코, 2코, 피코, 6코' 링을 1개 만든다.
2. '6코, 전의 링에 연결하기, 2코, 피코, 2코, 피코, 2코, 피코, 2코, 피코, 2코, 피코, 6코' 링을 3개 만든다.
3. '6코, 전의 링에 연결하기, 2코, 피코, 2코, 피코, 2코, 피코, 2코, 피코, 2코, 처음의 링에 연결하기, 6코' 링을 1개 만든다.

18페이지 모티브 a′

● 사용 실
면 레이스 실
#40 퍼플

● 사용 실
면 레이스 실
#40 라벤더

● 사용 실
면 레이스 실
#30 오프 화이트

● 사용 실
면 레이스 실
#30 그레이시 핑크

a′는…
모티브 a-1, a-2, a-3, a-4, 4장을 겹친 것이다.
(모티브 a-1 만드는 법은 P20, a-2~a-4 만드는 법은 P21 참조)

18페이지 모티브 b′

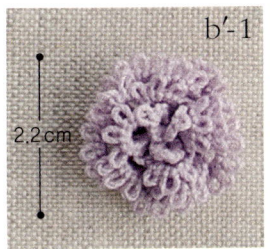
b′-1
2.2cm
● 사용 실
면 레이스 실
#40 퍼플

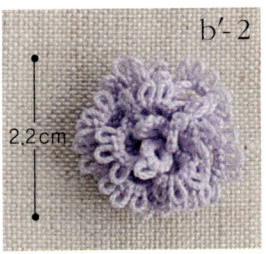
b′-2
2.2cm
● 사용 실
면 레이스 실
#40 라벤더

b′-3
2.7cm
● 사용 실
면 레이스 실
#30 오프 화이트

b′-4
2.7cm
● 사용 실
면 레이스 실
#30 그레이시 핑크

b′는…
모티브 b-1, b-2, b-3, b-4, 4장을 겹친 것이다.
(모티브 b-1~b-4 만드는 법은 P.28 참조)

✱ **모티브 겹치는 방법** ※사진은 모티브 a′의 경우로 설명을 했지만, 모티브 b′도 같은 방법으로 겹친 뒤 꿰매 넣어준다.

a-1 모티브 한 개만 실 끝을 길게 남기고 나머지는 실 처리를 해둔다. 남은 실 끝을 십자수 바늘에 꿴다.

모티브 a-2 중심에 앞면에서부터 바늘을 넣어 뒷면으로 뺀다.

모티브 a-2 뒷면에서 바늘을 넣어 앞쪽으로 뺀다.

바늘을 2~3회 정도 통과해 a-1과 a-2를 꿰매 고정시켜준다.

다시 모티브 a-3을 밑에 겹쳐 중심 앞부분에서 바늘을 넣는다.

모티브 a-2와 a-3을 꿰매 고정시킨다. 같은 방법으로 모티브 a-3과 a-4를 꿰매 고정시켜준다. 위에서부터 모티브 a-1, a-2, a-3, a-4 순서로 4장을 겹쳐준다.

🌸 나비 모티브와 목걸이 & 핸드폰 줄

너울너울 날아갈 것 같은 작은 나비의 모티브이다.
날개에 피코를 넣어 진짜 나비 같은 목걸이와 핸드폰 줄을 만들어보자.
목걸이와 핸드폰 줄에는 피코를 넣어 금속과 연결한다.

*사용 실… 면 레이스 실 #30
*만드는 방법… P31

30페이지 모티브 c 만드는 법

c-1
2.2cm
2.4cm

● 사용 실
면 레이스 실
#30 브라운 핑크

c-2
2.2cm
2.4cm

● 사용 실
면 레이스 실
#30 브라운 핑크

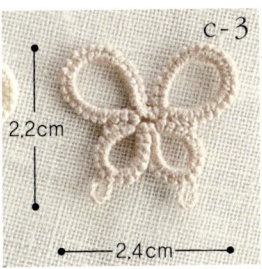

c-3
2.2cm
2.4cm

● 사용 실
면 레이스 실
#30 그레이시 핑크

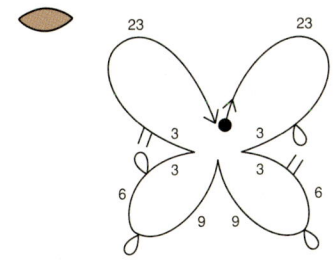

① '23코, 피코, 3코' 링을 1개 만든다.
② '3코, 전의 링에 연결하기, 6코, 피코, 9코' 링을 1개 만든다.
③ '9코, 피코, 6코, 피코, 3코' 링을 1개 만든다.
④ '3코, 전의 링에 연결하기, 23코' 링을 1개 만든다.

30페이지 ✿ 6~8

✱ 사용 실
면 레이스 실
6 #30 오프 화이트
7 #30 오프 화이트
8 #30 그레이시 핑크

✱ 그 외의 재료
6 스와로브스키 엘레멘토
(#5301·5mm·크리스털 AB) 1개
T핀(0.5×14mm·황동 도금
(신주 버니시)) 1개
O링(0.7×4mm·금 도금) 1개
C링(3×4mm·황동 도금) 1개
잠금장치가 포함된 볼 체인
(황동 도금) 40cm
7·8 스와로브스키 엘레멘토
(#5301·5mm·크리스털 AB) 각 1개
T핀(0.5×14mm·황동 도금) 각 1개
O링(0.7×4mm·금 도금) 각 1개
핸드폰 줄(황동 도금) 1개

● 완성 수치
모티브 세로 2.2cm 가로 2.4cm

✱ 만드는 법
1. 모티브 c를 1장 만든다.
2. 금속을 연결한다.
3. 장식을 만들어 금속에 연결한다.

모티브 c 응용

※ 오른쪽 위의 링에 피코를 만든다(금속을 연결하기 위해).

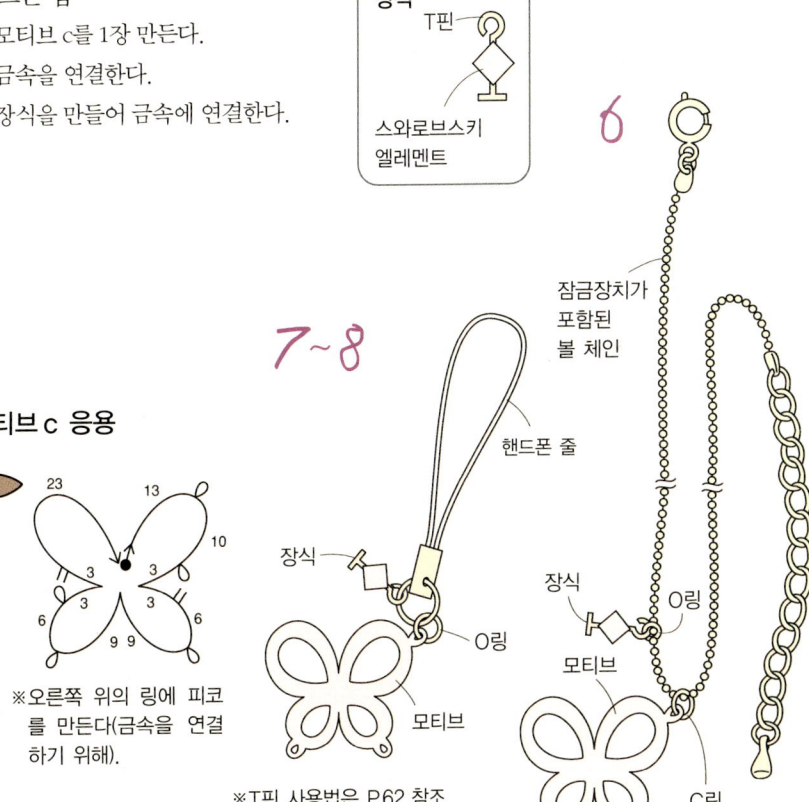

장식
T핀
스와로브스키 엘레멘토

6
7~8
잠금장치가 포함된 볼 체인
핸드폰 줄
장식
O링
모티브
장식
O링
모티브
C링

※T핀 사용법은 P62 참조.
※O링, C링 사용법은 P63 참조.

❄ 눈의 결정 같은 모티브

눈의 결정과 같은 디자인의 육각형 모티브.
가는 실로 만들면 작게, 두꺼운 실로 만들면 크게 완성된다.

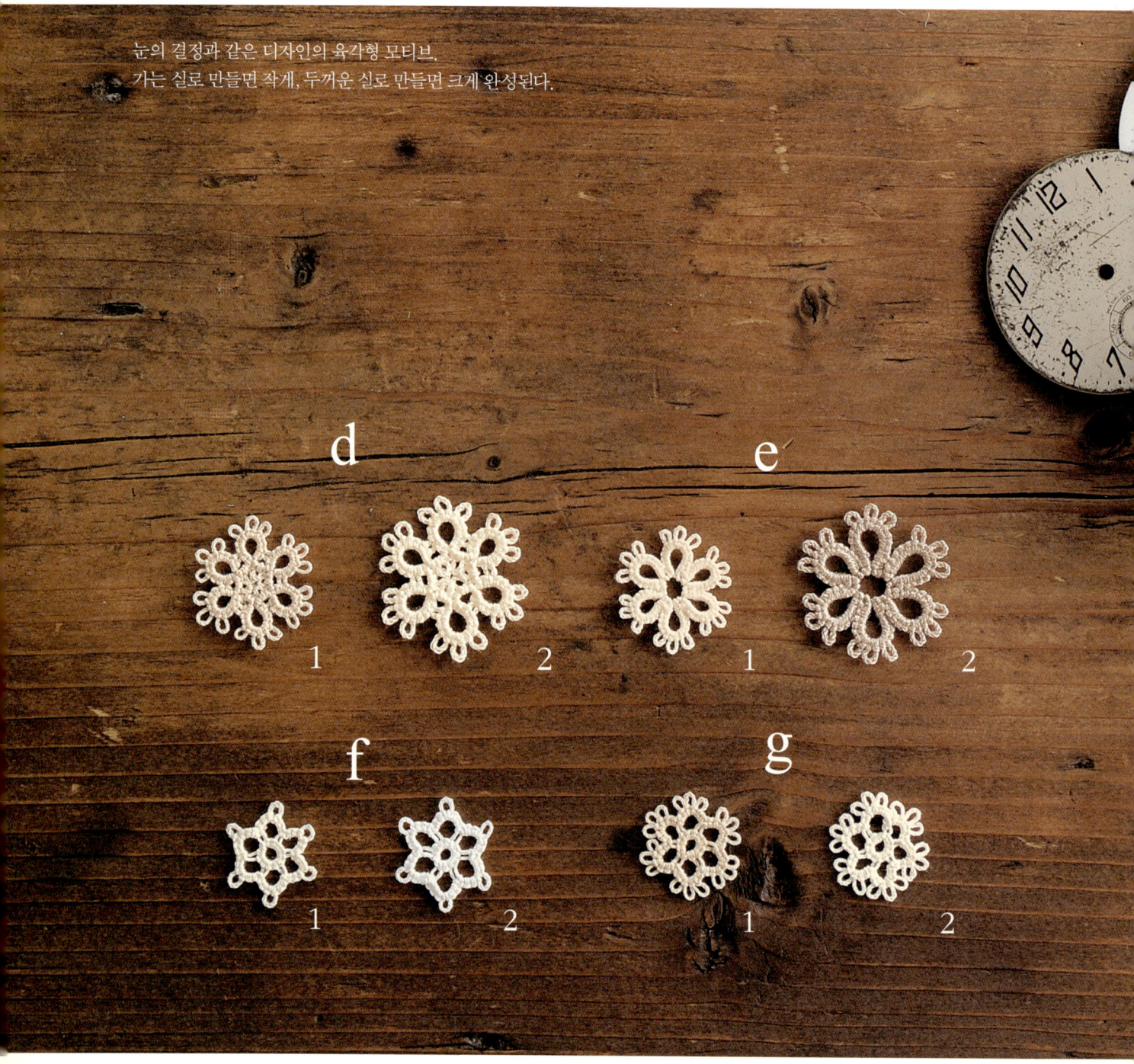

*사용 실… 면 레이스 실 #40, 면 레이스 실 #30(d-2・e-2・f-2만)
*만드는 방법… d ➜ P34 e ➜ P35 f ➜ P36 g ➜ P37

핸드폰 줄 & 귀걸이 & 목걸이

9는 d, e, g 모티브를 조합해 만든 핸드폰 줄이다. 10은 g, 11은 d를 한쪽에 1장씩 사용한 귀걸이이다. 12의 목걸이는 d~g의 모티브 5장을 조합한 것이다. 귀걸이와 목걸이는 라메 레이스 실로 만들어 모티브가 자연스럽게 빛난다.

*사용 실   9 … 면 레이스 실 #40
           10~12 … 라메 레이스 실 #30
*만드는 방법… 9 ➤ P63   10~12 ➤ P64

32페이지 모티브 d 만드는 법

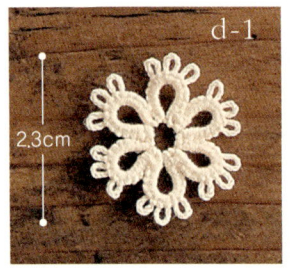

- 사용 실
  면 레이스 실
  #40 아이보리

- 사용 실
  면 레이스 실
  #30 오프 화이트

리버스 워크

링과 체인은 곡선을 위쪽에 그리면서 만든다. 만들기 도안에서 링과 체인의 곡선 방향이 반대로 되어 있는 경우, 링에서 체인으로(또는 체인에서 링으로) 변할 때 작품을 뒤집어서 지금까지 위쪽 방향으로 만들었던 곡선을 아래쪽 방향으로 할 필요가 있다. 작품을 뒤집는 것을 '리버스 워크'라고 부른다.

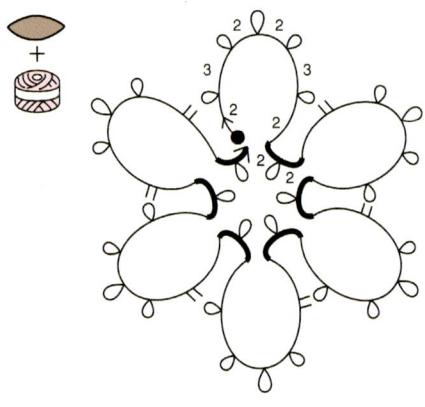

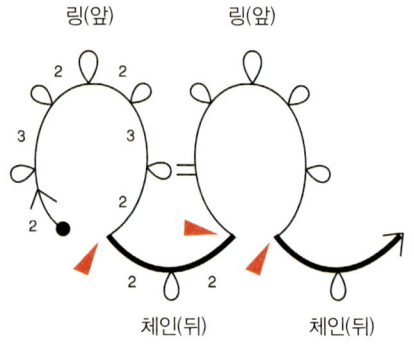

▶ 리버스 워크(뒤집기)의 위치

① 셔틀로 '2코, 피코, 3코, 피코, 2코, 피코, 2코, 피코, 3코, 피코, 2코' 링을 1개 만든다.
② 리버스 워크(뒤집기)를 해서 실 묶음의 실을 곁들여 '2코, 피코, 2코' 체인을 만든다.
③ 도안을 보면서 반복한다.

처음의 링을 만들고, 리버스 워크를 한다. (화살표와 같이 위와 아래가 반대가 되도록 뒤집는다.)

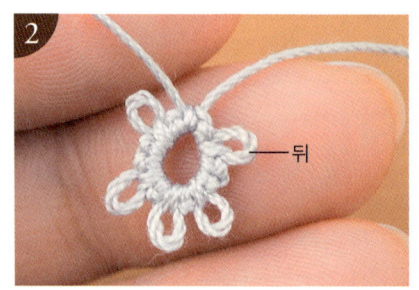

뒤집은 상태. 링이 아래를 향하게 한다.

계속해서 체인 부분을 만든다. 새롭게 실 묶음의 실을 곁들인다.

체인을 만든다.

리버스 워크를 해서 체인의 곡선이 아래를 향하게 한다.

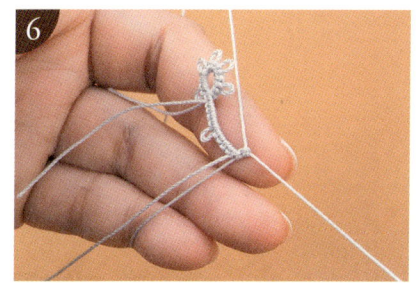
계속해서 링을 만든다. 이것을 반복한다.

작품의 앞과 뒤

매듭에는 앞과 뒤가 있는데, 피코 밑 부분의 매듭으로 구분한다.

※리버스 워크를 하면서 만드는 작품의 경우, 한 작품 안에 앞과 뒤 양면이 나온다. 눈에 띄는 피코가 많은 면을 앞으로 한다.

앞   뒤

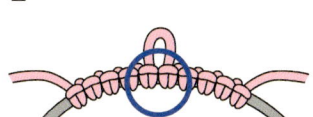

피코 밑 부분의 매듭에 혹이 있다.   피코 밑 부분의 매듭에 혹이 없다.

링의 피코를 앞으로 한 경우

체인의 피코를 앞으로 한 경우

32페이지 모티브 e 만드는 법

e-1
2cm

● 사용 실
면 레이스 실
#40 오프 화이트

e-2
2.7cm

● 사용 실
면 레이스 실
#30 그레이시 핑크

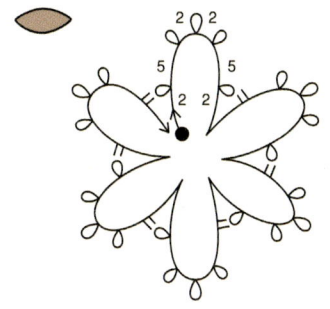

① '2코, 피코, 5코, 피코, 2코, 피코, 2코, 피코, 5코, 피코, 2코' 링을 1개 만든다.
② 도안을 보면서 반복한다.

35

32페이지 모티브 f 만드는 법

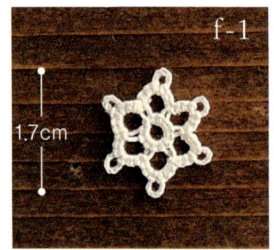

● 사용 실
면 레이스 실
#40 오프 화이트

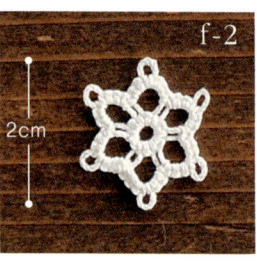

● 사용 실
면 레이스 실
#30 화이트

첫 번째 단
① '(2코, 피코)×5회, 2코' 링을 1개 만든다.
② '외관상 피코'를 만든다.

두 번째 단
① '3코, 피코, 3코' 체인을 만든다.
② 첫 번째 단의 피코에 셔틀 연결하기 방법으로 연결한다.
③ 도안을 보면서 반복한다.
④ 마지막으로 외관상 피코에 셔틀 연결하기를 한다.

'외관상 피코' 만들기

1. 실 묶음에 연결된 상태로 시작한다(연결되어 있지 않은 경우에는 셔틀의 실 끝에서 약 70cm 정도 되는 곳에서 시작한다).

2. 첫 번째 단의 링을 외관상 피코 바로 전까지 만든다.

3. 링을 뒤로 돌려서 왼손으로 잡는다.

4. 마지막 매듭에서부터 약간 간격을 벌린 곳에서 겉코를 만든다.

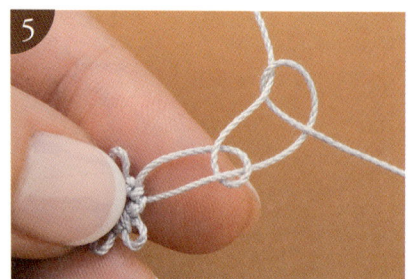

5. 계속해서 안코를 만드는데, 이때 코를 왼손 실에는 가까이 가져가지 않고 셔틀의 실이 감겨 있는 상태로 한다.(외관상의 피코 중 안코는 '코 옮기기'를 하지 않는다. _옮긴이)

6. 다른 피코와 같은 높이에서 코를 꽉 조여 준다. 피코가 아니지만 피코처럼 보이는 '외관상 피코'가 완성된다. 실을 자르지 않고 연결해서 다음의 단으로 진행할 수 있다.

셔틀 연결하기

체인을 전단의 피코에 연결하는 방법이다.

'외관상 피코'에서부터 연결해서 두 번째 단의 처음 체인을 만든다.

첫 번째 단의 피코에 셔틀의 뿔을 넣어 화살표와 같이 셔틀의 실을 빼낸다(알기 쉽게 하기 위해서 여기서부터 실의 색을 바꿔서 설명한다).

빼낸 실을 당겨서 고리를 크게 늘려준다.

커진 고리 안에 그 상태로 셔틀을 넣는다.

실을 당겨서 고리를 조여 준다.

조여 준 상태이다. 첫 번째 단의 피코와 2번째 단의 체인이 연결된다.

32페이지 모티브 g 만드는 법

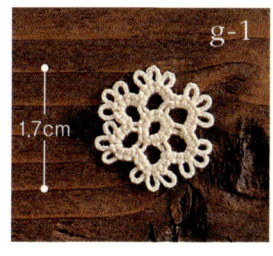

g-1
1.7cm

● 사용 실
면 레이스 실
#40 아이보리

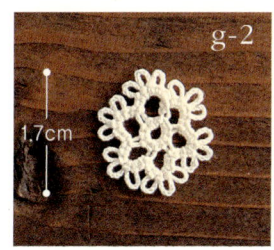

g-2
1.7cm

● 사용 실
면 레이스 실
#40 오프 화이트

첫 번째 단
① '(2코, 피코)×5회, 2코' 링을 1개 만든다.
② '외관상 피코'를 1개 만든다.

두 번째 단
① '2코, 피코, 1코, 피코, 1코, 피코, 2코' 체인을 만든다.
② 첫 번째 단의 피코에 셔틀 연결하기를 한다.
③ 도안을 보면서 반복한다.
④ 마지막으로 외관상 피코에 셔틀 연결하기를 한다.

도일리 풍의 모티브

도일리와 같은 섬세한 디자인의 원형 모티브 두 종류이다.
포인트로 천의 소품이나 잡화 등에 연결하는 것도 추천한다.

*사용 실… 면 레이스 실 #40
*만드는 방법… h ▶ P40 i ▶ P42

13

14

🌸 브로치

h·i 모티브에 각각 장식 옷핀을 연결해서 브로치를 만든다.
피코 부분을 장식 옷핀에 연결해서 모티브가 흔들리게 한다.

＊사용 실… 면 레이스 실 #40
＊만드는 방법… P41

38페이지 모티브 h 만드는 법

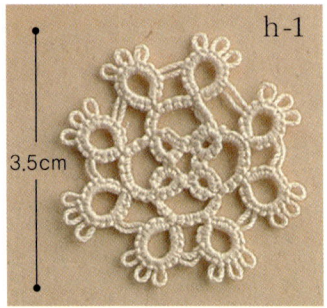
h-1
3.5cm

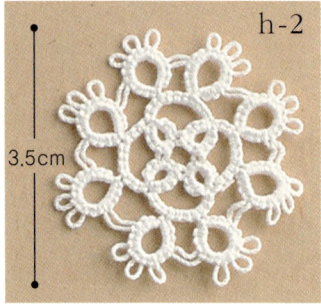
h-2
3.5cm

● 사용 실
h-1
면 레이스 실
#40 아이보리
h-2
면 레이스 실
#40 화이트

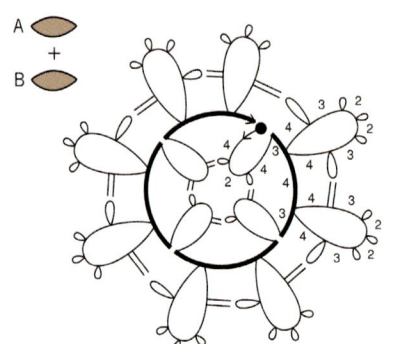

① A 셔틀로 '4코, 짧은 피코, 2코, 짧은 피코, 4코' 링을 1개 만든다.
② B 셔틀의 실을 더해서 3코의 체인을 만든다.
③ B 셔틀로 '4코, 긴 피코(P42 참조), 3코, 피코, 2코, 피코, 2코, 피코, 3코, 긴 피코, 4코' 링을 체인 위에 1개 만든다.
④ A 셔틀로 4코 체인을 만든다.
⑤ B 셔틀로 '4코, 전의 링에 연결하기, 3코, 피코, 2코, 피코, 2코, 피코, 3코, 긴 피코, 4코' 링을 체인 위에 1개 만든다.
⑥ A 셔틀로 3코 체인을 만든다.
⑦ 도안을 보면서 반복한다.

체인 위에 링 만들기

체인의 곡선이 위로 되어 있고 그 위에 링을 만드는 방법이다. 체인과 링 둘 다 앞면이 나온다.

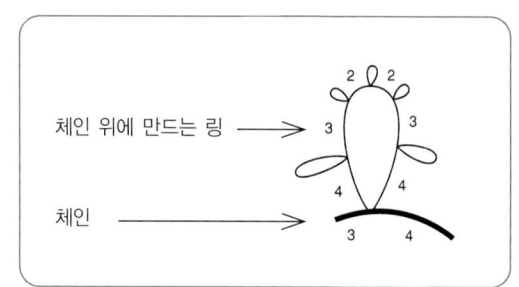

1 A 셔틀로 처음의 링을 만든다.

2 리버스 워크(P34 참조)를 해서 다음 체인을 만든다. B 셔틀의 실을 링에 더해 왼손에 건다.

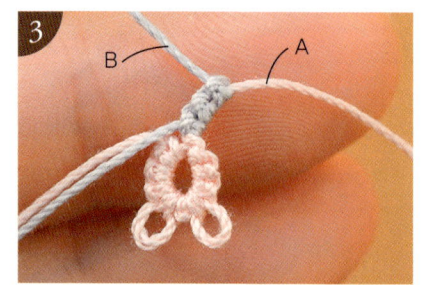

3 A의 실을 심, B의 실을 매듭으로 한 체인을 만든 상태이다. 링과 체인 사이에 빈 공간이 생기지 않도록 주의한다.

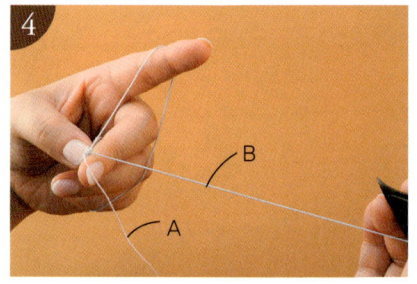

4 리버스 워크를 하지 않고 다음의 링을 만든다. A의 실은 쉬게 해주고, B의 실을 링 만드는 요령으로 왼손에 다시 걸친다.

B의 실로 링에 필요한 수의 코를 만든 상태이다.

링의 실을 조여 준다.

B의 실을 체인을 만드는 요령으로 왼손에 걸고, A의 셔틀로 다음 체인을 만든다. A가 심의 실, B의 실이 매듭이 된다. 체인 위에 링이 완성된다.

39페이지 ❋ 13·14

* 사용 실

  면 레이스 실

  13 #40 화이트

  14 #40 아이보리

* 그 외의 재료

  13 스와로브스키 엘레멘토

  (#4320 · 8×6mm · 그레이지/F) 1개

  석좌(#4320용 · 금 도금) 1개

  장식 옷핀(약 53mm · 황동 도금) 1개

  O링 (1×6mm · 황동 도금) 2개

  14 메탈 부분

  (리본 · 7×9mm · 황동 도금) 1개

  장식 옷핀(약 53mm · 황동 도금) 1개

  O링(1×6mm · 황동 도금) 2개

* 완성 수치

  13 모티브의 크기 직경 3.5cm

  14 모티브의 크기 직경 3.2cm

* 만드는 법

  13

  1. 모티브 h를 1장 만든다. (P40 참조)
  2. 금속 부품을 단다.
  3. 장식을 만들어서 금속 부품에 단다.

  14

  1. 모티브 i를 1장 만든다. (P42 참조)
  2. 금속 부품과 메탈 부분을 단다.

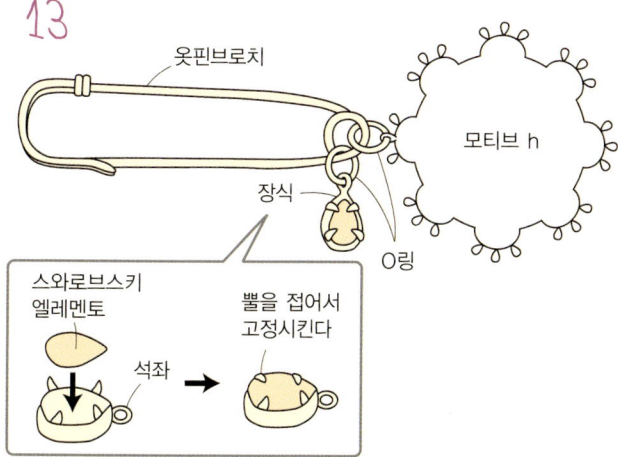

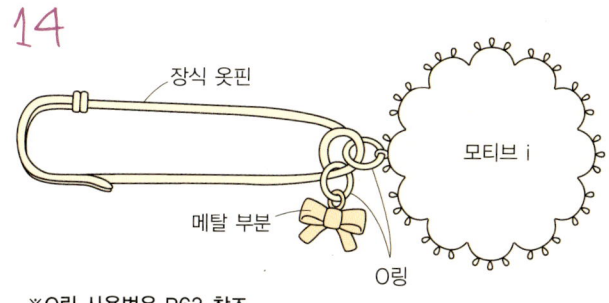

※O링 사용법은 P63 참조.

38페이지 모티브 i 만드는 법

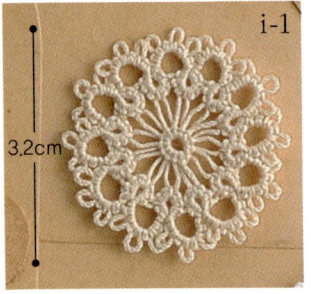

i-1
3.2cm

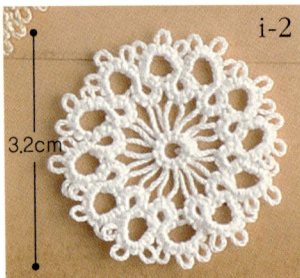

i-2
3.2cm

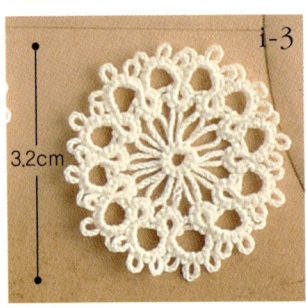

i-3
3.2cm

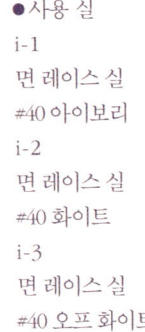

● 사용 실
i-1
면 레이스 실
#40 아이보리
i-2
면 레이스 실
#40 화이트
i-3
면 레이스 실
#40 오프 화이트

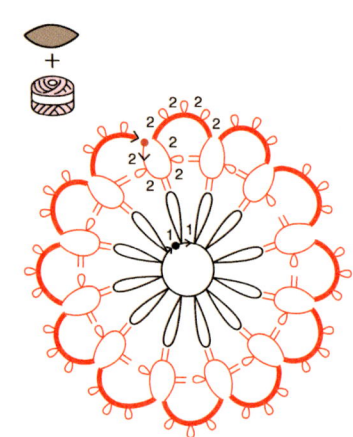

첫 번째 단
셔틀로 '1코, 긴 피코'를 12회 반복한 링을 1개 만들고, 실을 약 15cm 남겨 두고 자른다.

두 번째 단
① 셔틀로 '2코, 짧은 피코, 2코, 첫 번째 단의 피코에 연결하기, 2코, 짧은 피코, 2코' 링을 1개 만든다.
② 실 묶음의 실을 더해서 '2코, 피코, 2코, 피코, 2코, 피코, 2코' 체인을 만든다.
③ 도안을 보면서 반복한다.

긴 피코 만들기

긴 피코를 만들 때는 길이가 고르지 않게 되기 쉬우므로 게이지를 사용해서 길이를 가지런히 하면 깔끔하게 완성된다. 게이지는, 만들고 싶은 피코의 높이와 같은 폭으로 두꺼운 종이 등을 잘라서 만든다.

1
처음 시작하는 1코를 만든다.

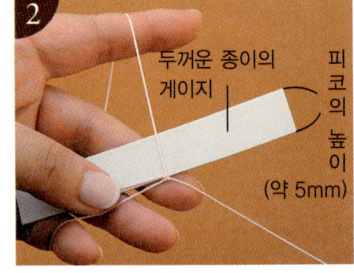

2
두꺼운 종이의 게이지
피코의 높이 (약 5mm)
피코의 높이와 같은 폭의 게이지를 왼손으로 잡고, 검지에 건 실을 앞으로 놓는다(사진의 게이지는 알기 쉽게 하기 위해서 크게 되어 있다).

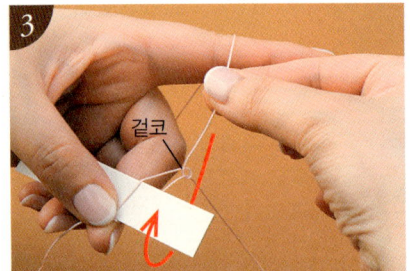

3
겉코
겉코를 만들고, 왼손에 걸려 있는 실을 화살표와 같이 게이지 앞으로 가져 온다.

4
두꺼운 종이 앞쪽에 실을 가지고 온 상태이다. 이때 겉코의 매듭이 게이지 밑에 오도록 오른손으로 잡고 있는 실을 잡아당긴다.

5
피코가 1개 만들어진다. 겉코가 게이지 밑으로 온다.

안코를 만든다.

1코가 된다.

같은 방법을 반복하면, 높이가 가지런한 피코가 완성된다. 첫 번째 단을 다 만들면 게이지를 피코에서 살짝 빼낸다.

첫 번째 단에서 두 번째 단으로 이동하기

첫 번째 단을 만들면 서틀의 실을 일단 자르고, 새롭게 서틀의 실로 두 번째 단을 만든다.
두 번째 단의 도중에 첫 번째 단에 연결하면서 만들어간다.
사진에는 알기 쉽게 하기 위해서 첫 번째 단과 두 번째 단의 실의 색을 바꿔 놓았다.

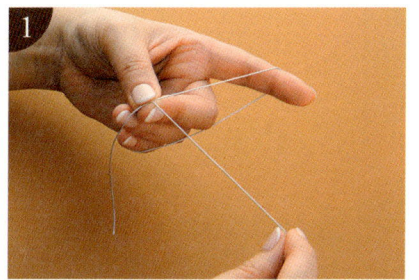
두 번째 단을 만들기 시작할 때는 서틀의 실을 링을 만드는 요령으로 왼손에 건다.

'2코, 짧은 피코, 2코'를 만든 상태이다.

첫 번째 단의 링을 왼손에 걸린 실의 위에 겹치도록 잡고, '링과 링을 연결하기'(p21)를 참조하여 첫 번째 단과 연결한다.

첫 번째 단과 연결된 상태이다.

계속해서 '2코, 짧은 피코, 2코'를 만든다.

실을 잡아당기면 두 번째 단의 첫 번째 링이 완성된다.

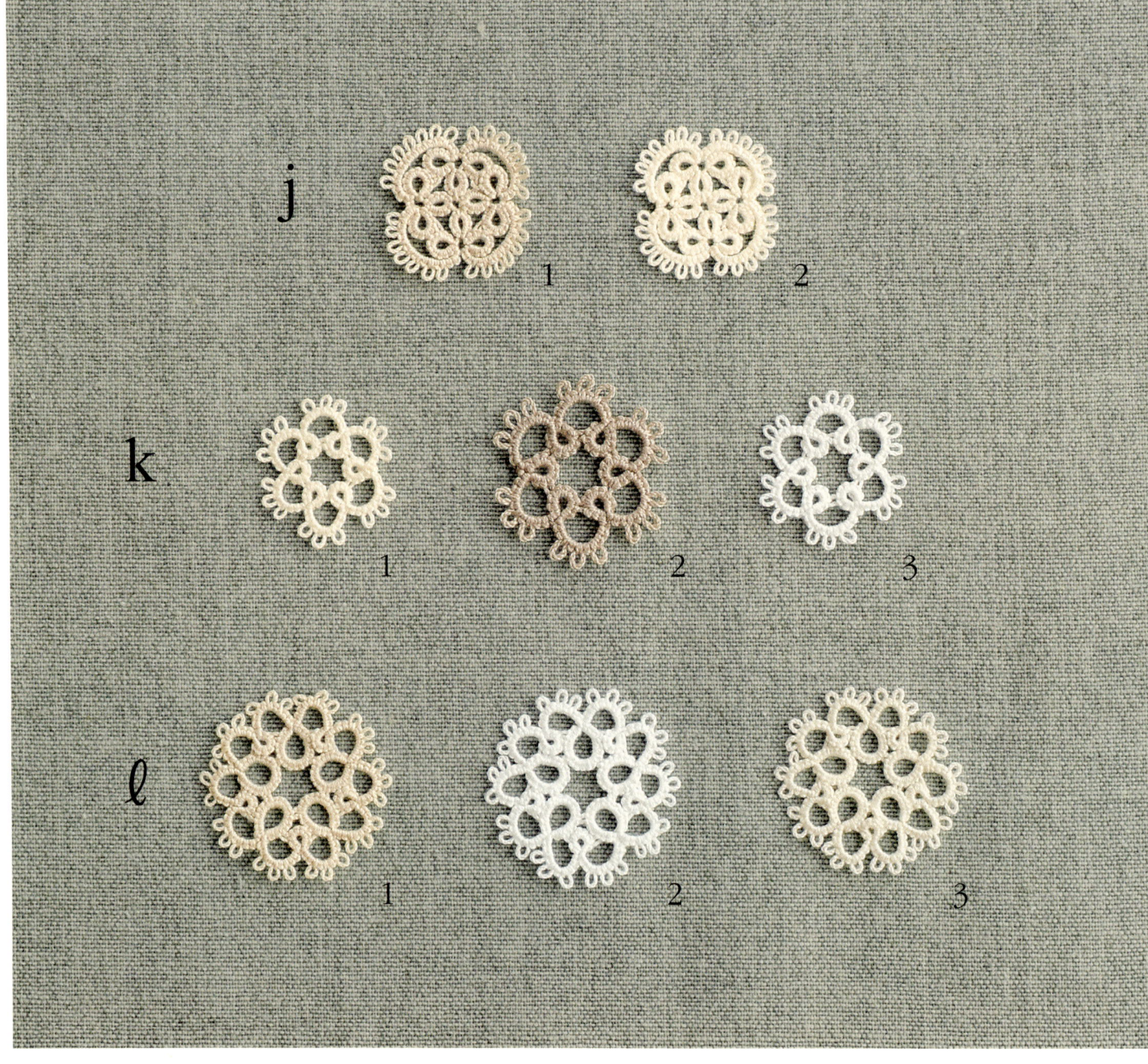

🌸 피코가 포인트인 모티브

많은 피코를 포인트로 한 모티브이다.
우아한 분위기로 완성된 멋진 디자인을 만날 수 있다.

*사용 실… 면 레이스 실 #40, 면 레이스실 #30(k-2만)
*만드는 방법… j·k ➤ P46 ℓ ➤ P47

🌼 머리끈

씌개단추에 모티브를 붙이고 머리끈을 통과시키면
어디서도 살 수 없는 헤어 액세서리를 만들 수 있다.

*사용 실‥ 면 레이스 실 #40
*만드는 방법‥ P47

44페이지 모티브 j 만드는 법

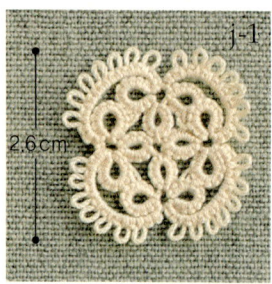

j-1
2.6cm

● 사용 실
면 레이스 실
#40 아이보리

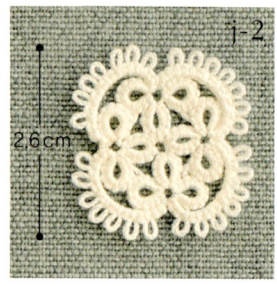

j-2
2.6cm

● 사용 실
면 레이스 실
#40 오프 화이트

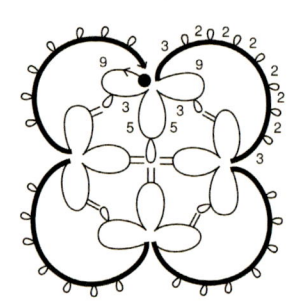

① 서틀로 '9코, 피코, 3코' 링을 1개 만든다.
② '5코, 피코, 5코' 링을 1개 만든다.
③ '3코, 피코, 9코' 링을 1개 만든다.
④ 실 묶음의 실을 더해서 '3코, 피코, 2코, 피코, 2코, 피코, 2코, 피코, 2코, 피코, 2코, 피코, 2코, 피코, 3코' 체인을 만든다.
⑤ 도안을 보면서 반복한다.

44페이지 모티브 k 만드는 법

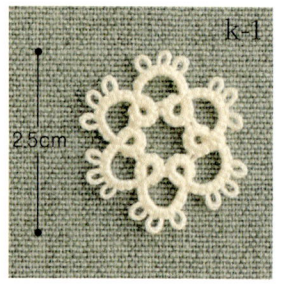 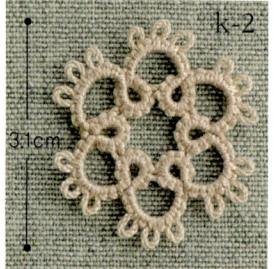

k-1
2.5cm

● 사용 실
면 레이스 실
#40 오프 화이트

k-2
3.1cm

● 사용 실
면 레이스 실
#30 그레이시 핑크

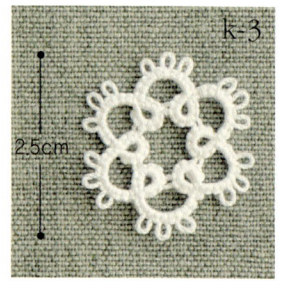

k-3
2.5cm

● 사용 실
면 레이스 실
#40 화이트

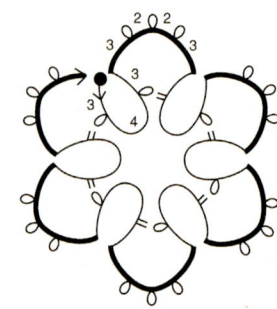

① 서틀로 '3코, 피코, 4코, 피코, 3코' 링을 1개 만든다.
② 실 묶음의 실을 더해서 '3코, 피코, 2코, 피코, 2코, 피코, 3코' 체인을 만든다.
③ 도안을 보면서 반복한다.

44페이지 모티브 l 만드는 법

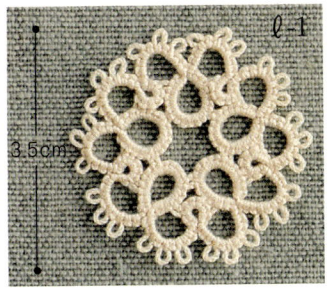

● 사용 실
면 레이스 실
#40 아이보리

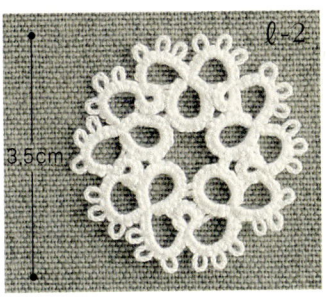

● 사용 실
면 레이스 실
#40 화이트

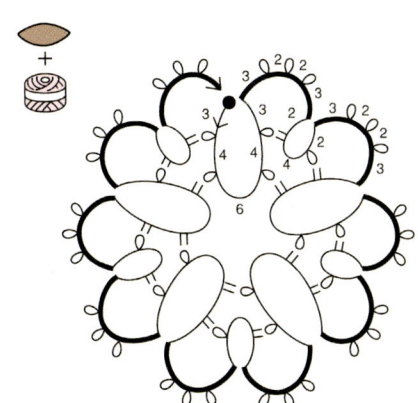

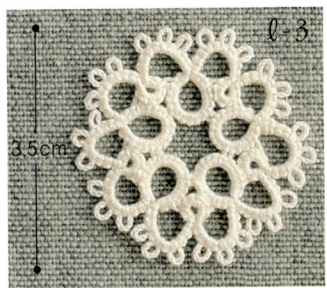

● 사용 실
면 레이스 실
#40 오프 화이트

❶ 셔틀로 '3코, 피코, 4코, 피코, 6코, 피코, 4코, 피코, 3코' 링을 1개 만든다.
❷ 실 묶음의 실을 더해서 '3코, 피코, 2코, 피코, 2코, 피코, 3코' 체인을 만든다.
❸ 셔틀로 '2코, 전의 링에 연결하기, 4코, 피코, 2코' 링을 1개 만든다.
❹ 실 묶음의 실을 더해서 '3코, 피코, 2코, 피코, 2코, 피코, 3코' 체인을 만든다.
❺ 도안을 보면서 반복한다.

45페이지 ✿ 15~17

● 사용 실
면 레이스 실
15 #40 화이트
16 #40 블랙
17 #40 아이보리

* 그 외의 재료
담수진주(밥풀진주·약 4.5mm·화이트) 각 1개
싸개단추(고리형·15·16 29mm, 17 38mm)
각 1개
머리끈(두께 3mm·15 진한 갈색
16 옅은 갈색 17 갈색) 15·16 각 17cm,
17 19cm
끈 연결 금속(금 도금) 각 1개
천(린넨·15 검은색 16 옅은 갈색 17 진한 갈색)
15·16 각 직경 5cm, 17 직경 6cm

* 완성 수치
단추의 직경 15·16 29mm, 17 38mm
* 만드는 법
1. 15는 모티브 j (P46 참조), 16은 모티브 k (P46 참조), 17은 모티브 l을 각 1장씩 만든다.
2. 천에 모티브와 담수진주를 붙인다.
3. 싸개단추를 만든다.
4. 머리끈을 싸개단추에 통과시켜서 금속으로 고정시킨다.

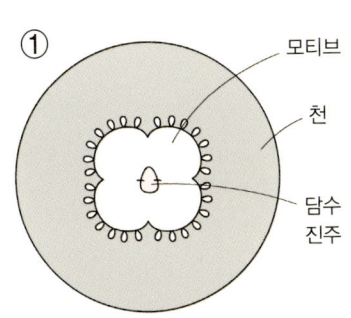

천에 모티브를 본드로 붙이고 그 중앙에 담수진주를 꿰어준다.

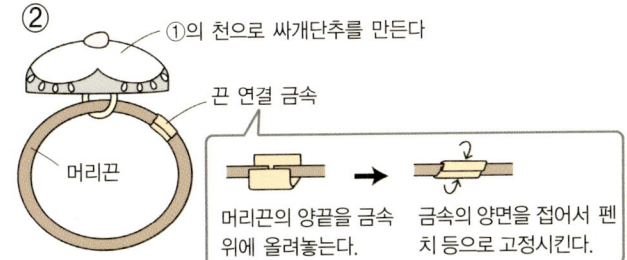

①의 천으로 싸개단추를 만든다
머리끈을 싸개단추의 밑 부분에 통과시켜 양쪽 절단면을 금속으로 고정시킨다.

머리끈의 양끝을 금속 위에 올려놓는다. → 금속의 양면을 접어서 펜치 등으로 고정시킨다.

스퀘어 형태의 모티브

귀여운 사각형의 모티브이다. 중심에 꽃이 들어가 있는 듯한 m과,
4장의 조각과 비슷하게 보이는 n, n에 피코를 더한 디자인이 o이다.

*사용 실… 면 레이스 실 #40(m), 마 레이스 실 #30(n, o)
*만드는 방법… m ➤ P50 n, o ➤ P51

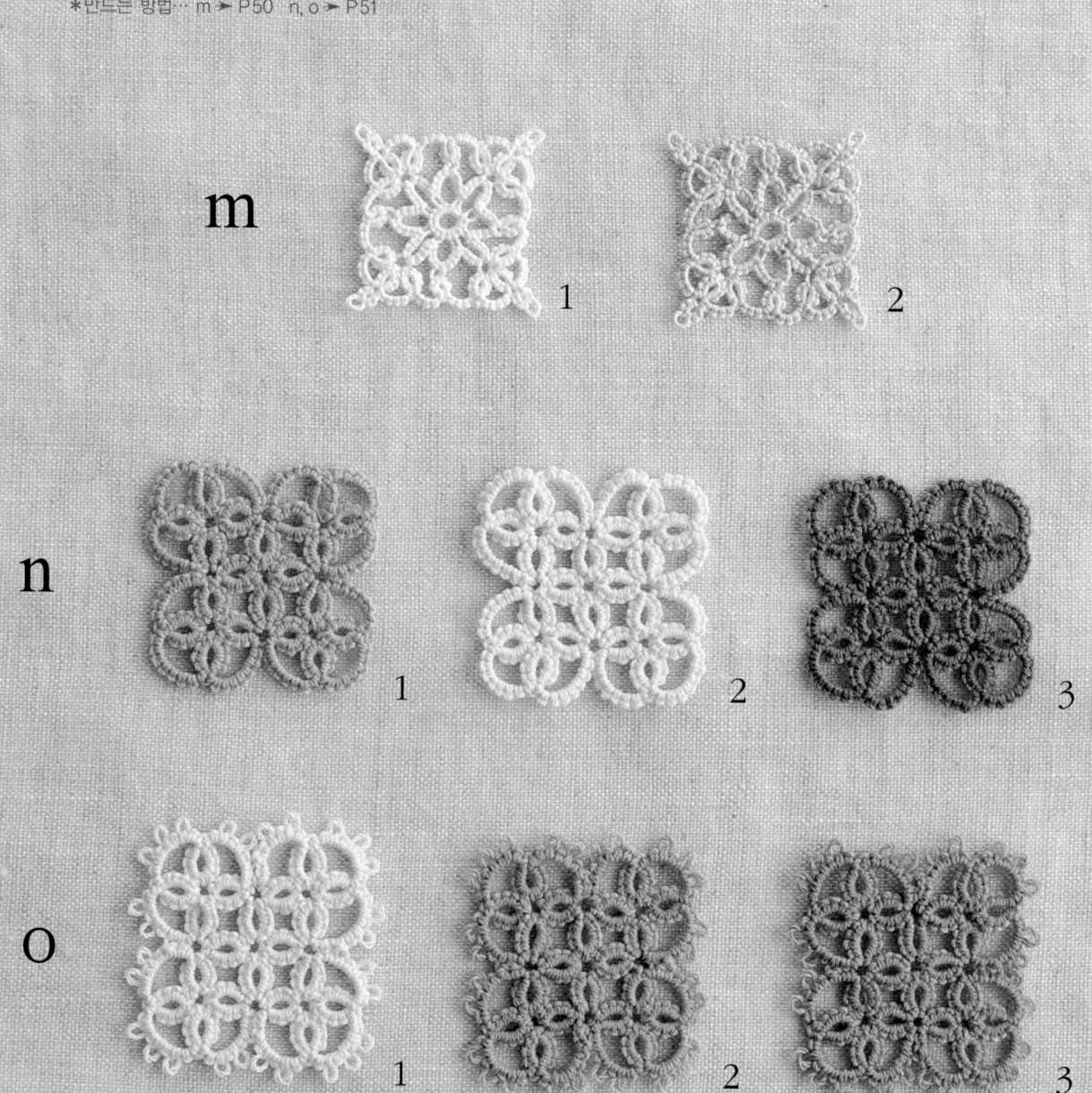

🌸 북마크

o의 모티브를 이용해 십자가 모양의 북마크 만들기.
위에 달린 장식이 귀엽다.

*사용 실… 면 레이스 실 #40
*만드는 방법… P65

48페이지 모티브 m 만드는 법

m-1
3.1cm

첫 번째 단
1. A 셔틀로 '(2코, 피코)×7회, 2코' 링을 1개 만든다.
2. '외관상 피코'를 만든다.

두 번째 단
1. '4코, 피코, 4코' 체인을 만든다.
2. 첫 번째 단의 피코에 셔틀 연결하기로 연결한다.
3. 도안을 보면서 반복한다.

1·2단
A

3단
A
+
B

m-2
3.1cm

세 번째 단
1. A 셔틀로 '4코, 전 단의 피코에 연결하기, 4코' 링을 1개 만든다.
2. B 실을 더해서 '5코' 체인을 만든다.
3. A 셔틀로 '4코, 전 단의 피코에 연결하기, 4코' 링을 1개 만든다.
4. B 셔틀로 ❸의 링 반대편에 '3코, 피코, 3코' 링을 1개 만든다.
5. ❷, ❸을 1회 반복한다.
6. 4코의 체인, '3코, 전 단의 피코에 연결하기, 3코' 링 1개, 4코 체인을 만든다.
7. 도안을 보면서 반복한다.

●사용 실
m-1
면 레이스 실
#40 오프 화이트
m-2
면 레이스 실
#40 아이보리

체인 양측에 링 만들기

셔틀 2개를 사용해 체인의 밑과 위 양측에 각각 링을 만든다.

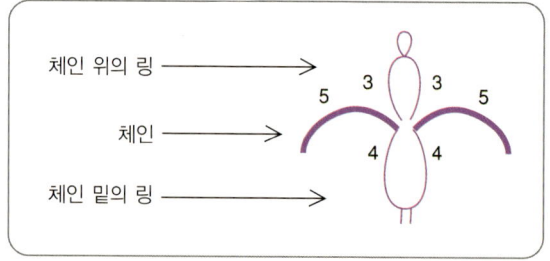

체인 위의 링
체인
체인 밑의 링

1

B 셔틀을 더해 5코 체인을 만든다. 리버스 워크(P34 참조)를 해서, A 셔틀로 밑의 링을 만들고, 체인이 앞면이 되도록 한 번 더 리버스 워크를 한다.

2
위의 링
밑의 링

B 셔틀로 위의 링을 만든다.

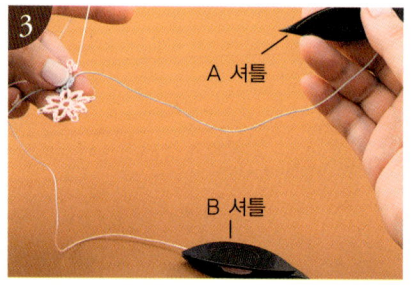

3
A 셔틀
B 셔틀

A 셔틀로 바꿔 들고 계속해서 만든다.

4
체인 위쪽 링
체인 밑쪽 링

체인 양측에 링이 만들어진다.

48페이지 모티브 n 만드는 법

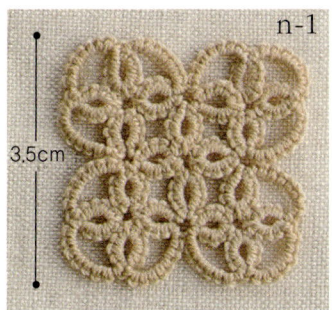
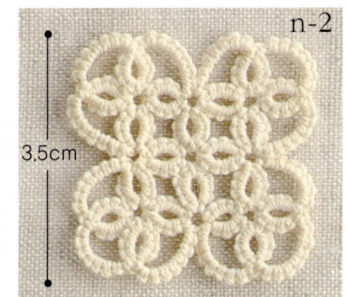
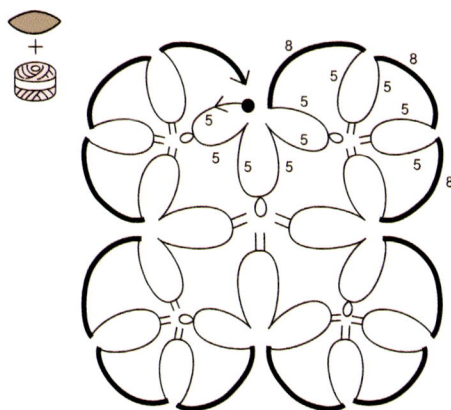
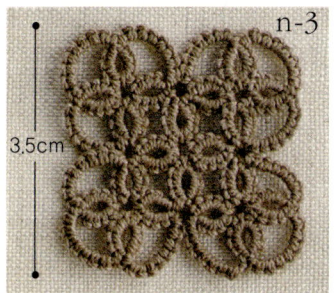

n-1
● 사용 실
마 레이스 실
#30 베이지

n-2
● 사용 실
마 레이스 실
#30 오프 화이트

● 사용 실
마 레이스 실
#30 브라운

❶ 서틀로 '5코, 피코, 5코' 링을 3개 만든다.
❷ 실 묶음의 실을 더해서 '8코' 체인을 만든다.
❸ 서틀로 '5코, 전의 링에 연결하기, 5코' 링을 1개 만든다.
❹ ❷, ❸, ❷의 순서로 반복한다.
❺ 도안을 보면서 반복한다.

48페이지 모티브 o 만드는 법

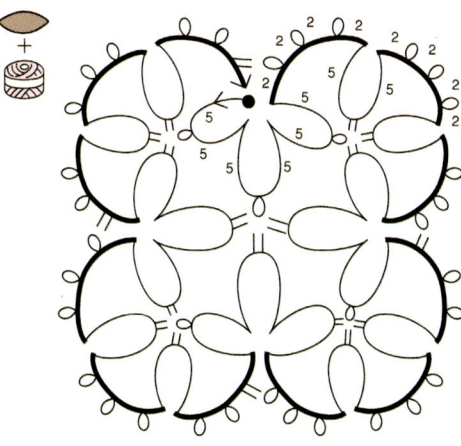

o-1
● 사용 실
마 레이스 실
#30 오프 화이트

o-2
● 사용 실
마 레이스 실
#30 그레이

● 사용 실
마 레이스 실
#30 라이트 브라운

❶ 서틀로 '5코, 피코, 5코' 링을 3개 만든다.
❷ 실 묶음의 실을 더해서 '2코, 피코, 2코 피코, 2코, 피코, 2코' 체인을 만든다.
❸ 서틀로 '5코, 전의 링에 연결하기, 5코' 링을 1개 만든다.
❹ ❷, ❸, ❷의 순서로 만든다.
❺ 도안을 보면서 반복한다.

마르쉐 백 모티브

미니어처 사이즈 마르쉐 백의 모티브. 여성스러운 분위기에 마음이 끌린다.
손잡이가 달려 있어 사용하고 싶어지는 디자인이다.

*사용 실… 면 레이스 실 #40
*만드는 방법… P54

🌺 핸드폰 줄

마르쉐 백의 모티브 손잡이에 핸드폰 줄을 달았다.
1개를 달아도 되고 겹처 달아도 된다.

*사용 실… 면 레이스 실 #40
*만드는 방법… P55

52페이지 모티브 p 만드는 법

p-1

3.7cm
4.3cm

p-2

3.7cm
4.3cm

p-3

3.7cm
4.3cm

● 사용 실
p-1
면 레이스 실
#40 오프 화이트
p-2
면 레이스 실
#40 브라운
p-3
면 레이스 실
#40 아이보리

첫 번째 단
① 셔틀로 '3코, 피코, 3코, 피코, 2코, 피코, 2코, 피코, 3코, 피코, 3코' 링을 1개 만든다.
② 도안을 보면서 반복한다.

두 번째 단
① 셔틀로 '3코, 피코, 3코, 전 단의 링에 연결하기, 3코, 피코, 3코' 링을 1개 만든다.
② 실 묶음의 실을 더해서 '2코, 피코, 2코, 피코, 2코, 피코, 2코' 체인을 만든다.
③ 도안을 보면서 반복한다.

세 번째 단
① 셔틀로 '3코, 피코, 3코, 전 단의 피코에 연결, 3코, 피코, 3코' 링을 1개 만든다.
② 실 묶음의 실을 더해서 '2코, 피코, 2코, 피코, 2코, 피코, 2코' 체인을 만든다.
③ 도안을 보면서 반복한다.

손잡이
① 세 번째 단의 피코에 실을 걸고, '(2코, 피코)×13회, 2코' 체인을 만든다.
② 세 번째 단의 피코에 셔틀 연결하기로 연결한다. (P37 참조)

✻ 본체 만드는 법

1

첫 번째 단을 만들어 실 처리를 한다.

2

두 번째 단을 만들어 실 처리를 한다. 조금 입체적으로 된다.

3

← 첫 번째 단
← 두 번째 단
← 세 번째 단

세 번째 단을 만들어 실을 처리한다. 본체가 완성된다.

✽ 손잡이 만드는 법 ※알기 쉽게끔 실의 색을 바꿔서 설명한다.

셔틀의 실
(실 끝에서 60cm 정도 되는 지점)

세 번째 단의 피코에 셔틀의 뿔을 넣어서 화살표와 같이 셔틀의 실 끝에서부터 60cm 되는 곳을 잡아당긴다.

잡아당긴 실을 당겨서 고리를 크게 늘리고, 고리 안에 셔틀을 넣는다(셔틀 연결하기(p37 참조)와 같은 요령).

실 끝 쪽
셔틀에 연결된 실

왼손의 실을 당겨서 고리를 줄여준다.

2코와 피코를 반복하여 손잡이가 될 체인을 만든다.

1~3과 같은 요령으로 본체 세 번째 단의 피코에 연결한다.

손잡이가 완성된다.

53페이지 ❋ 21·22

✽ 사용 실
  면 레이스 실
  21 #40 브라운
  22 #40 오프 화이트

✽ 그 외의 재료
  T핀(0.5mm×14mm · 황동 도금) 1개
  담수진주(감자진주 약 4.5mm · 화이트) 각 1개
  핸드폰 줄(황동 도금) 각 1개
  O링(0.7mm×4mm · 황동 도금) 각 1개
  C링(3.7mm×5.5mm · 황동 도금) 각 1개

✽ 완성 수치
  모티브의 세로 3.7cm 가로 4.3cm

✽ 만드는 법
  1. 모티브 p를 각 1개 만든다(P54 참조).
  2. 금속을 연결한다.
  3. 장식을 만들어 금속에 단다.

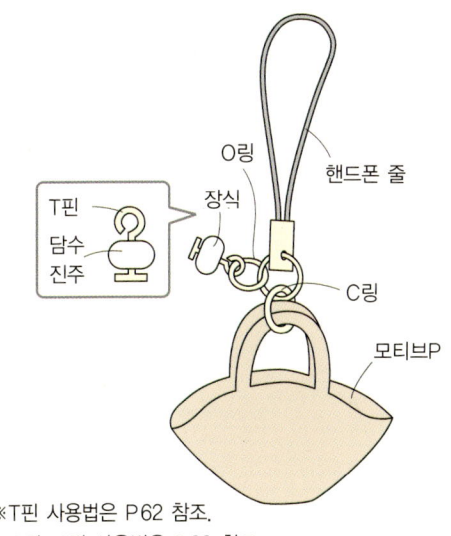

※T핀 사용법은 P62 참조.
※O링, C링 사용법은 P63 참조.

🌸 장식용 끈 3종

태팅레이스로 모티브뿐만 아니라 장식용 끈을 만드는 것도 추천한다.
길이를 변화시킬 수 있으므로 붙이고 싶은 아이템의 치수에 맞춰서 만들어준다.

*사용 실… 면 레이스 실 #40
*만드는 방법… q·r ➤ P59   s ➤ P60

✤ 팔찌

장식용 끈 디자인 q로 만든 팔찌.
투명한 단추를 달아서 시원한 인상으로 완성한다.

*사용 실… 면 레이스 실 #40
*만드는 방법… P68

25

26

🌸 손수건

P56에 나오는 장식용 끈 r과 s를 린넨 거즈 손수건 테두리에 붙인다.
소녀라면 누구나 한 장 갖고 싶은 아이템이다.

＊사용 실… 면 레이스 실 #40
＊만드는 방법… P66

56페이지 모티브 q 만드는 법

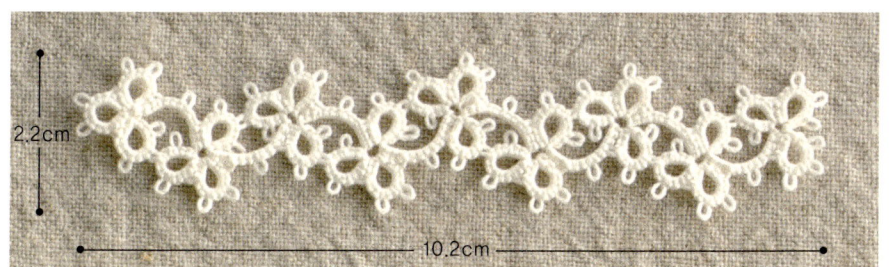

- 사용 실
- 면 레이스 실
- #40 오프 화이트

1. A 서틀로 '3코, 피코, 3코, 피코, 3코, 3코, 피코, 3코' 링을 1개 만든다.
2. '3코, 전의 링에 연결하기, 3코, 피코, 3코, 피코, 3코, 피코, 3코' 링을 2개 만든다.
3. B 서틀의 실을 더해 '3코, 전의 링에 연결하기, 3코, 피코, 3코, 피코, 3코' 체인을 만든다.
4. '3코, 피코, 3코, 전의 링에 연결하기, 3코, 피코, 3코, 피코, 3코' 링을 1개 만든다.
5. '3코, 전의 링에 연결하기, 3코, 피코, 3코, 피코, 3코, 피코, 3코' 링을 1개 만든다.
6. B 서틀로, ❹·❺의 링 반대편에 '3코, 전의 링에 연결하기, 3코, 피코, 3코, 피코, 3코, 피코, 3코' 링을 1개 만든다.
7. 도안을 보면서 반복한다.

※ ❹·❺의 링과 ❻의 링 중 무엇이든 먼저 만들어도 된다.

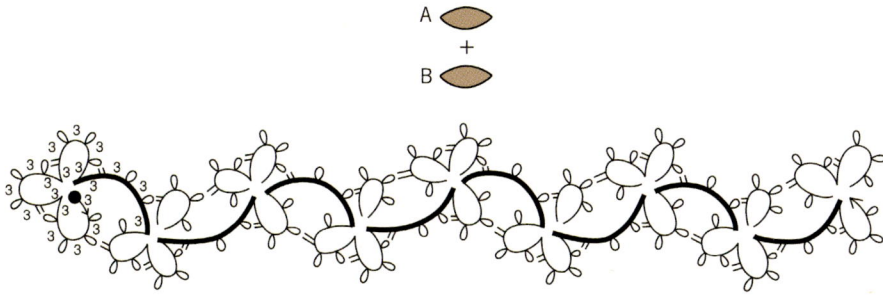

56페이지 모티브 r 만드는 법

- 사용 실
- 면 레이스 실
- #40 오프 화이트

1. 서틀로 '2코, 피코, 4코, 피코, 4코, 피코, 2코' 링을 1개 만든다.
2. 실 묶음의 실을 더해서 '7코, 피코, 7코' 체인을 만든다.
3. 서틀로 '5코, 전의 링에 연결하기, 5코, 피코, 2코' 링을 1개 만든다.
4. '2코, 전의 링에 연결하기, 2코, 피코, 2코, 피코, 2코, 피코, 2코, 피코, 2코' 링을 1개 만든다.
5. '2코, 전의 링에 연결하기, 5코, 피코, 5코' 링을 1개 만든다.
6. 도안을 보면서 반복한다.

56페이지 모티브 S 만드는 법

● 사용 실
면 레이스 실
#40 오프 화이트

● 조세핀노트
(겉코 10코)

① A 셔틀로 '4코, 피코, 4코, 피코, 4코, 피코, 4코' 링을 1개 만든다.
② B 셔틀의 실을 더해서 '3코, 피코, 2코, 조세핀노트, 2코, 피코, 3코' 의 체인을 만든다.
③ 도안을 보면서 반복한다.

'조세핀노트' 만들기

조세핀노트는 더블 스티치의 겉코나 안코만 반복해서 만드는 매듭법이다.
보통 피코보다 볼륨이 있다.

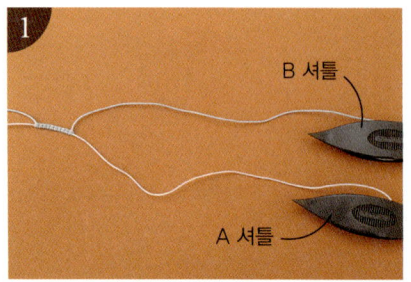

B 셔틀의 실을 왼손에 걸어 A 셔틀로 체인을 만든다.

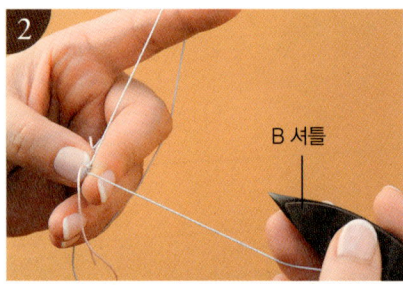

오른손으로 B 셔틀을 들고, 링을 만드는 요령으로 실을 왼손에 건다(A 셔틀은 쉰다).

겉코를 만든다.

겉코만 10코 만들고, 심의 실을 당겨서 조여 준다.

조세핀노트가 완성된다.

계속해서 만든다.

✽주의!

작품을 만들다 보면 점점 실이 꼬이는 경우가 있다. 특히 조세핀노트는 겉코만 만들기 때문에 꼬이기 쉽다. 도중에 사진과 같이 실을 잡고 셔틀을 회전시켜서 꼬임을 풀어준다. 꼬여 있는 채로 두면 실을 잡아당길 때 매듭이 생겨 실이 잘리는 원인이 되거나 작업이 힘들어진다.

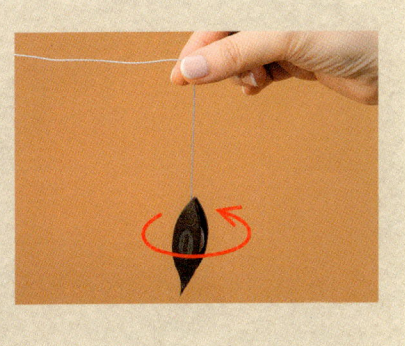

19페이지 1~5

1·2

3
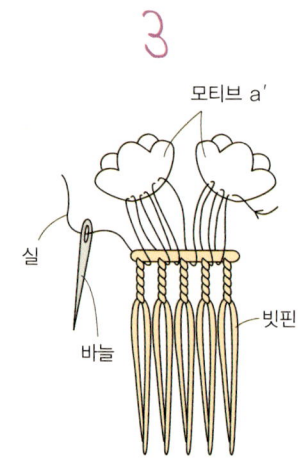

4·5

T핀 사용 방법

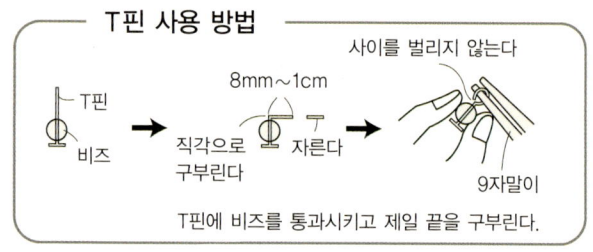

T핀에 비즈를 통과시키고 제일 끝을 구부린다.

* **사용 실**

  면 레이스 실
  1. #40 라벤더
  2. #30 그레이시 핑크
  3. #40 오프 화이트
  4. #30 그레이시 핑크
  5. #30 오프 화이트

* **그 외의 재료**

  1·2 반지대(판의 직경 10mm · 금 도금) 각 1개
  3 빗핀(발 5개 · 금 도금) 1개
  4·5 담수진주(밥풀진주 약 4.5mm · 화이트) 각 1개
  벌집판(육각형의 꽃모양 · 약 15mm · 황동 도금) 각 1개
  잠금장치가 붙어 있는 체인(황동 도금) 40cm
  작은 C링(3.5×2.5cm · 황동 도금) 각 1개
  큰 C링(3.7×5.5cm · 황동 도금) 각 1개
  T핀(0.5×14mm · 황동 도금) 각 1개

* **만드는 법**

  1·2
  1. 모티브 a'를 각 1개씩 만든다(P.28 참조).
  2. 반지대에 붙인다.

  3
  1. 모티브 a'를 2개 만든다(P.28 참조).
  2. 빗핀에 붙인다.

  4·5
  1. 모티브 b'를 각 1개씩 만든다(P.29 참조).
  2. 장식을 만들어 모티브에 붙인다.
  3. 금속에 붙인다.

33페이지 9

①~③의 순서로 각 모티브를 연결하면서 만든다

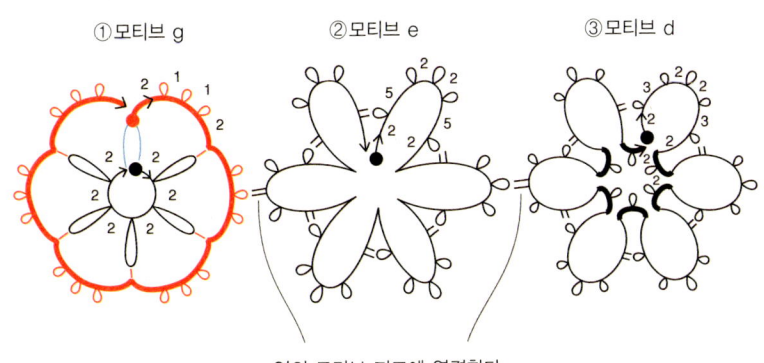

옆의 모티브 피코에 연결한다

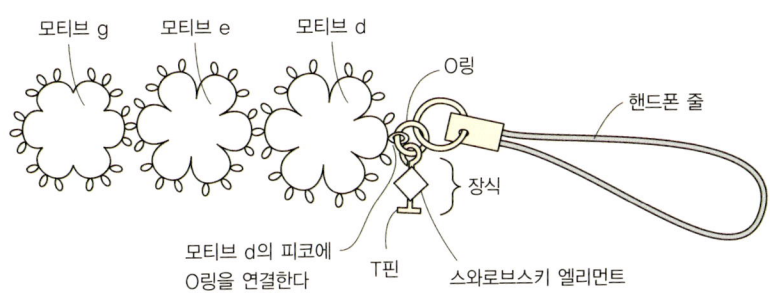

※T핀 사용법은 P62참조

* 사용 실
  면 레이스 실
  #40 오프 화이트

* 그 외의 재료
  스와로브스키 엘리먼트
  (#5301·5mm·크리스털 AB) 1개
  핸드폰 줄(황동 도금) 1개
  O링(0.7×4mm·금 도금) 1개
  T핀(0.5×14mm·황동 도금) 1개

* 만드는 법
  1. 모티브 g를 1장 만든다(P37 참조).
  2. 도중에 모티브 g에 연결하면서
     모티브 e를 1장 만든다(P35 참조).
  3. 도중에 모티브 e에 연결하면서
     모티브 d를 1장 만든다(P34 참조).
  4. O링과 핸드폰 줄을 연결한다.
  5. 장식을 만들어 O링에 연결한다.

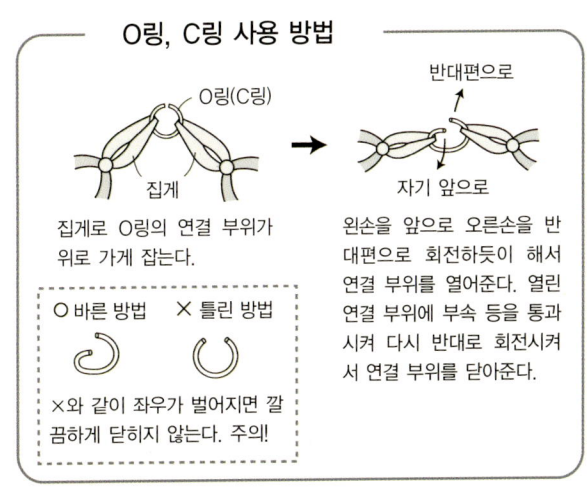

O링, C링 사용 방법

33페이지 ✿ 10~12

✱ 사용 실
10 라메 레이스 실 #30 그레이
11 라메 레이스 실 #30 골드
12 라메 레이스 실 #30 핑크

✱ 그 외의 재료
10·11 귀걸이 금속(U자·금 도금) 각 1쌍
     O링(0.6×3mm·금 도금) 각 2개
12 체인(금 도금) 50cm
   랍스터 클래스프(잠금장치, 황동 도금) 1개
   어저스터(길이 조절 체인, 황동 도금) 1개
   O링(0.6×3mm·금 도금) 7개

✱ 만드는 법
10
1. 모티브 g를 2장 만든다 (P37 참조).
2. 금속을 연결한다.
11
1. 모티브 d를 2장 만든다 (P34 참조).
2. 금속을 연결한다.
12
1. 모티브 d를 1장 만든다 (P34 참조).
2. 모티브 e를 1장 만든다 (P35 참조).
3. 모티브 f를 2장 만든다 (P36 참조).
4. 모티브 g를 1장 만든다 (P37 참조).
5. 금속으로 연결한다.

10·11

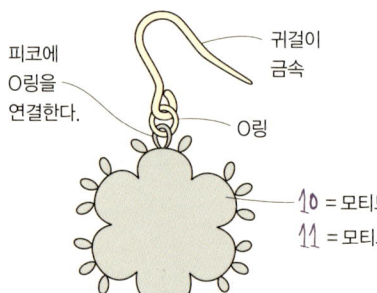

피코에 O링을 연결한다.
귀걸이 금속
O링
10 = 모티브 g
11 = 모티브 d

※O링 사용 방법은 P63 참조

12

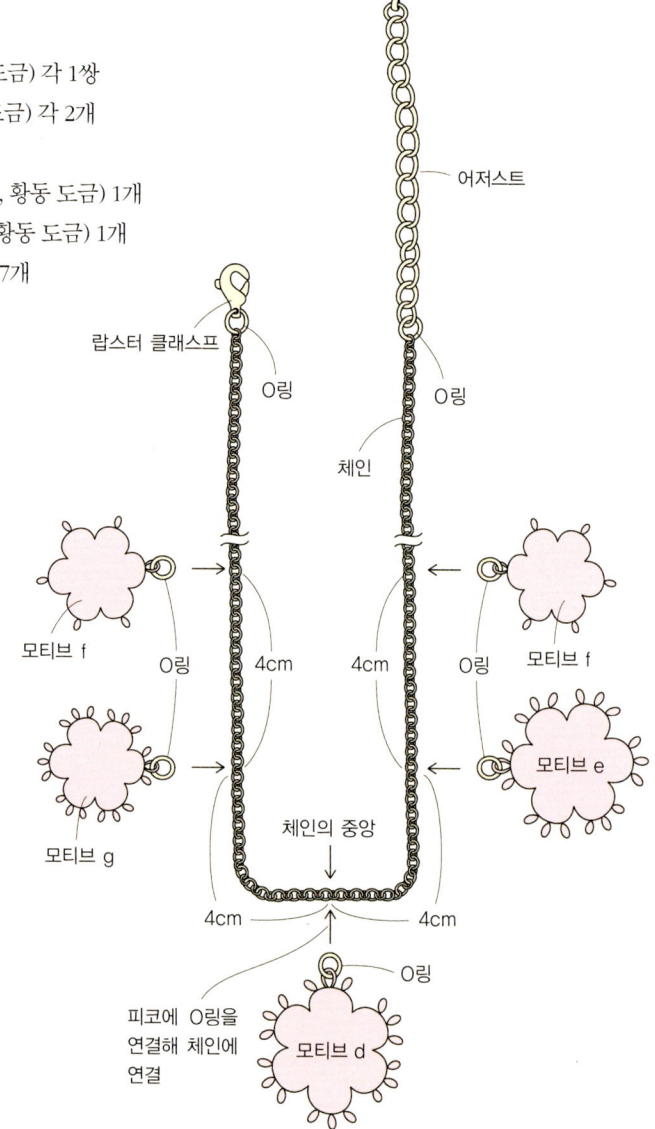

어저스트
랍스터 클래스프
O링
체인
O링
모티브 f
O링
4cm
4cm
모티브 f
모티브 e
모티브 g
체인의 중앙
4cm
4cm
피코에 O링을 연결해 체인에 연결
O링
모티브 d

※라메 레이스 실의 경우 풀림 방지액이 잘 듣지 않기 때문에 실 처리는 수예용 본드를 사용하거나, 꿰매 넣기 방법(P24 참조)을 한다.

49페이지 18~20

* **사용 실**

  면 레이스 실 #40

  18 오프 화이트, 브라운

  19 오프 화이트

  20 브라운

* **완성 수치**

  세로 8.2cm 가로 5.5cm (위의 장식 불포함)

* **만드는 법**

  1. 십자가 형태의 모티브를 만든다 (P51 모티브 o 응용).
     ※18번은 브라운 실을 셔틀에 감고, 실 묶음의 실은 오프 화이트를 사용한다.
  2. 장식을 만든다. 도중에 셔틀 연결하기로 모티브에 연결한다.
     ※18번은 셔틀, 실 묶음을 모두 오프 화이트로 한다.

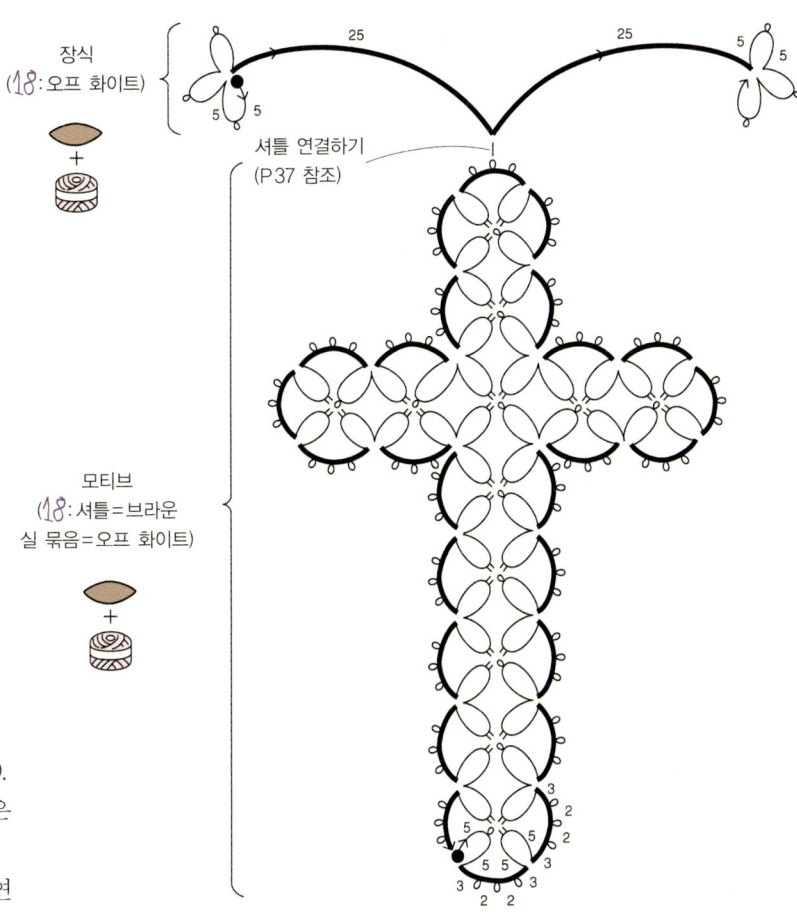

장식 (18: 오프 화이트)

셔틀 연결하기 (P37 참조)

모티브 (18: 셔틀=브라운 실 묶음=오프 화이트)

* **18번 색 변화 방법** 브라운 실을 셔틀에 감고, 오프 화이트 실을 실 묶음으로 사용한다.
  셔틀에 감은 실과 실 묶음 실의 색을 바꾸면 링과 체인 부분에서 색이 변한다.

1
처음의 링을 만든다.

2
실 묶음의 실을 더해서 체인을 만든다.
처음의 링

3
실 묶음의 실
셔틀의 실
체인이 된 상태이다. 링 부분은 셔틀의 실의 색이, 체인 부분은 실 묶음 실의 색이 나타난다.

58페이지 25~26

* **사용 실**
  면 레이스 실
  25 #40 라벤더
  26 #40 화이트

* **그 외의 재료**
  천(린넨 더블거즈, 25 연한 보라색
  26 엷은 갈색) 각 23.5×23.5cm

* **만드는 법**
  25
  1. 장식용 끈 r을 만든다(P59 참조). 모서리 부분은 피코의 길이를 조절해서 직각으로 한다.
  2. 천을 꿰맨다.
  3. 천에 장식용 끈을 꿰맨다.
  26
  1. 장식용 끈 s를 만든다(P60 참조). 모서리 부분은 피코의 길이를 조절해서 직각으로 한다.
  2. 천을 꿰맨다.
  3. 천에 장식용 끈을 꿰맨다.

25

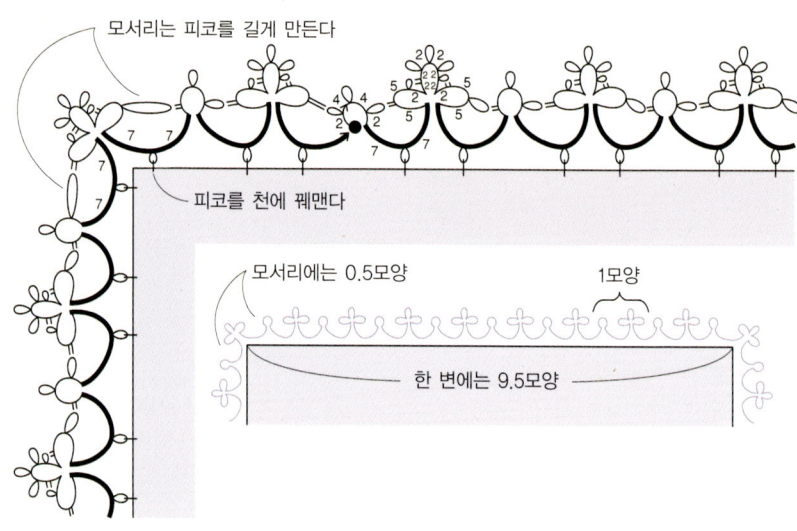

26

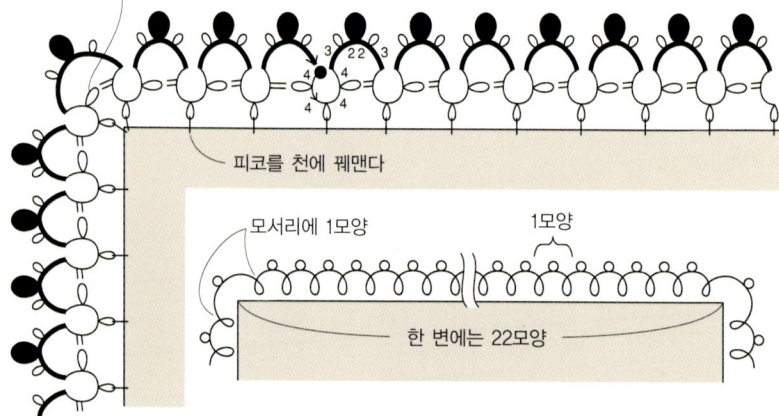

● 조세핀노트(겉코 10코)

천을 꿰매는 방법

① 천을 재단한다.

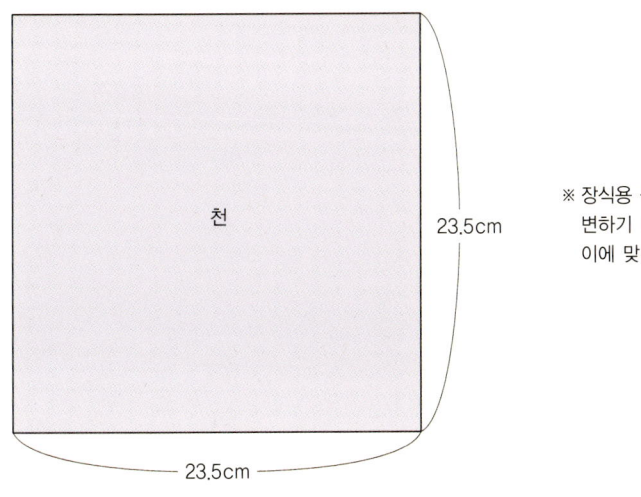

※ 장식용 끈의 길이는 손대중에 따라서 만들 때 변하기 때문에 실제로 완성된 장식용 끈의 길이에 맞춰서 천을 재단한다.

② 주변을 꿰맨다.

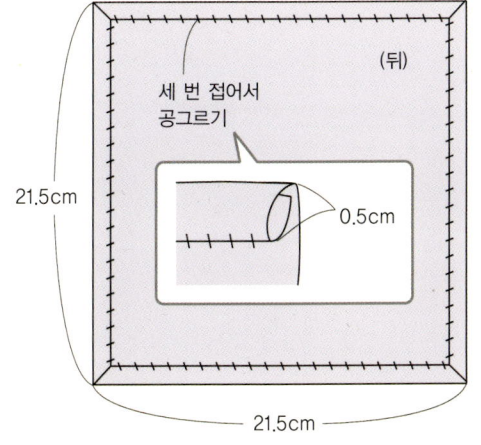

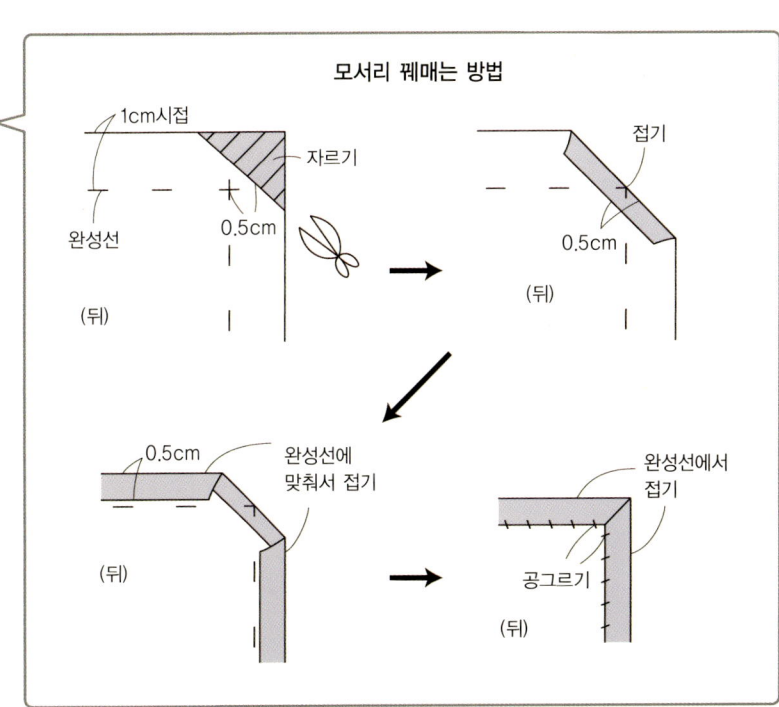

57페이지 ✽ 23~24

✽ **사용 실**
면 레이스 실
23 #40 아이보리
24 #40 블랙

✽ **그 외의 재료**
단추 (13×11.5×두께 6mm · 투명) 각 1개

✽ **완성 수치**
손목둘레 17cm

✽ **만드는 법**
1. 장식용 끈 q를 만든다 (P59 참조).
2. 마지막에 단추고리를 만든다.
3. 단추를 단다.

23·24

● 단추 다는 위치

※ 단추고리의 코 수는 사용하는 단추의 크기에 맞춰서 조절한다.

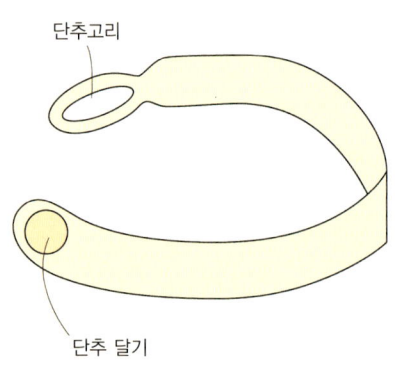

단추고리

단추 달기